Sete profetas
e a Guerra
Cultural

Conheça
nossos clubes

Conheça
nosso site

@editoraquadrante
@editoraquadrante
@quadranteeditora
Quadrante

ALEXANDRE HAVARD

Sete profetas e a Guerra Cultural

Desfazendo as filosofias de um mundo em crise

Tradução
Silvia Emilia Cunha Lima

QUADRANTE
São Paulo
2024

Título original
Seven prophets and the Cultural War:
Undoing the Philosophies of a World in Crisis

Copyright © 2024, Alexandre Havard

Capa
Gabriela Haeitmann

Dados Internacionais de Catalogação na Publicação (CIP)

Havard, Alexandre
Sete profetas e a guerra cultural: Desfazendo as filosofias de um mundo em crise / Alexandre Havard; tradução de Silvia Emilia Cunha Lima. – São Paulo : Quadrante, 2024.
Título original: *Seven prophets and the Cultural War: Undoing the Philosophies of a World in Crisis*
ISBN: 978-85-7465-764-6
1. Cultura 2. História da filosofia I. Autor II. Título

CDD 306 / 109

Índice para catálogo sistemático:
1. Cultura – 306
2. Historia da filosofia – 109

Todos os direitos reservados a
QUADRANTE EDITORA
Rua Bernardo da Veiga, 47 - Tel.: 3873-2270
CEP 01252-020 - São Paulo - SP
www.quadrante.com.br / atendimento@quadrante.com.br

Sumário

Prefácio 9

PARTE 1
OS DESTRUIDORES

O racionalismo de René Descartes (1596–1650) 23

O sentimentalismo de Jean-Jacques
Rousseau (1712–1778) 41

O voluntarismo de Friedrich Nietzsche (1844–1900) 63

PARTE 2
OS CONSTRUTORES

As razões do coração de Blaise Pascal (1623–1662) 83

A vida autêntica de Sören Kierkegaard (1813–1855) 109

A humanidade de Fiódor Dostoiévski (1821–1881) 125

A vida coesa de Vladimir Soloviev (1853–1900) 157

Conclusão 187

Três dos sete "profetas" que apresentamos neste livro — Descartes, Rousseau e Nietzsche — provocaram ou facilitaram, por meio de suas atividades intelectuais, grandes revoltas. Os demais — Pascal, Kierkegaard, Dostoiévski e Soloviev — previram essas mesmas revoltas, mas nos mostraram o caminho para superá-las. Se estudarmos com atenção esses sete profetas, apreenderemos mais facilmente a essência e a origem do drama universal que se desenrola perante nossos olhos, e faremos escolhas sábias e corajosas em prol de um futuro melhor.

Prefácio

"Enquanto durar este estado, a pessoa, tal como Deus, se bastará".[1] Eu tinha dezesseis anos e estava no ensino médio quando ouvi pela primeira vez essas palavras de Jean Jacques-Rousseau. Considerei-as vis e desprezíveis e as repetia toda vez que passava pela entrada do banheiro da escola. Percebi que muitas pessoas talentosas estavam se afogando no pântano da autossuficiência — todos os dias, a toda hora, a cada segundo.

Lembro-me de nosso professor de filosofia do último ano. Ele nos contou das percepções de Descartes, Kant e Hegel. "Um belo pôr do sol, caros alunos, só existe na realidade se existir de antemão em seus pensamentos. Sem o pensamento do homem, nada existe. A existência é fruto do pensamento. Não há realidade dissociada do pensamento do sujeito pensante; o restante é apenas o produto desse pensamento". Embora ainda fosse um adolescente e não tivesse assistido ao filme *Matrix*, que só entrou em cartaz vinte anos depois, entendi bem que declarações desse tipo

---

1 J.-J. Rousseau, *Os devaneios do caminhante solitário* (1782), quinta caminhada.

significavam ir além da autossuficiência e entrar na seara da insanidade.

Porém, alguns meses depois, em 1979, quando me deparei com as seguintes palavras de Albert Camus no livro didático de filosofia — "A consciência vem ao mundo com revolta"[2] —, vivenciei uma explosão de alegria e otimismo. As palavras de Camus assinalaram, para mim, a revolta contra si mesmo, contra a indiferença espiritual que nos devora.

É inegável a influência da filosofia em nossas vidas: educação, cultura, política, sociedade em geral. Até o século XIII grande parte do mundo cristão foi inspirado por Platão; Aristóteles e Tomás de Aquino inspiraram europeus dos séculos XIII ao XVII; a civilização moderna é em essência o produto do pensamento de Descartes; no século XX, Marx influenciou consideravelmente o comportamento das elites mundiais e o destino de muitas nações; Nietzsche, até os dias de hoje, é o ponto de referência para todos que aspiram à "super-humanidade", à afirmação violenta do "eu"; e Rousseau é o pai intelectual de uma infinidade de pseudorreligiões que há duzentos anos tentam, com surpreendente sucesso, substituir o cristianismo.

Os filósofos desenvolvem raciocínios que invadem nossas mentes e corações — para o bem ou para o mal.

---

2 A. Camus, *L'homme Révolté*, 133e édition, collection NRF. Paris: Les Éditions Gallimard, 1951, p. 20.

É importante entender essas ideias e desvendá-las a fim de determinar o que têm de verdadeiro e o que têm de falso, quais elevam o homem e quais o rebaixam. No entanto, é mais importante ainda determinar *que tipo de pessoa* é o filósofo que se dirige a nós.

O poeta alemão Heinrich Heine escreveu: "É difícil descrever a história da vida de Immanuel Kant, visto que ele não teve nem vida, nem história".[3] É possível confiar em filósofo sem vida e sem história? Sua filosofia é viável?

Gostamos de debater as ideias deste ou daquele filósofo, mas muitas vezes deixamos de lado o estudo de sua personalidade. Estamos interessados no que o filósofo diz, e não em quem ele é. Este erro é gravíssimo, visto que por trás das ideias há um coração, e, se esse coração estiver corrompido, as ideias também estarão. Assim, quem absorve tais ideias acabará se corrompendo. O contrário também acontece: as ideias verdadeiras e poderosas de alguns filósofos são frequentemente a expressão de um coração nobre e magnânimo, que nos transmite a inspiração vital de que necessitamos para nos purificarmos, nos elevarmos, e chegarmos ao ápice de nossa humanidade.

Este livro começa com Descartes (1596–1650) que, indubitavelmente, é o pai da filosofia moderna. Descartes

---

3 T. Pinkard, "Preface to the Second Edition, in T. Pinkard, ed., *Heine: "On the History of Religion and Philosophy in Germany,"* trans. H. Pollack-Milgate, Cambridge Texts in the History of Philosophy. Cambridge: Cambridge University Press, 2007, doi.org/10.1017/CBO9780511808043.006, pp. 4–118.

necessitava de certezas, o que é natural para um homem de ciências. No entanto, para atingir esse resultado, criou um método segundo o qual o pensamento é o único critério de certeza: "Penso, logo existo". Sua crença é a seguinte: a nossa existência é provada pelo fato de que pensamos. Se pararmos de pensar, a evidência de nosso ser desaparecerá. Portanto, existimos quando pensamos, e somente quando pensamos. Descartes reduz a existência ao pensamento. Sua frase "Penso, logo existo" inevitavelmente se torna "Eu sou porque eu penso". Para Hegel, que concluirá o trabalho de Descartes, o pensamento deixa de ser a prova da existência: ele se torna a causa da existência, produz a existência. Descartes provavelmente não entendeu o que sua filosofia provocaria. Ao fazer do pensamento o único critério de certeza, contudo, mergulhou a humanidade no mais absoluto subjetivismo.

A primeira parte deste livro discorre sobre aqueles que chamo de *destruidores*: Descartes, Rousseau e Nietzsche. Ao estudarmos suas vidas e pensamentos, parece evidente que dois dos três centros espirituais do homem — o coração, o intelecto e a vontade — se atrofiaram nesses filósofos. Em Descartes, o coração e a vontade são sufocados pela *razão*; em Nietzsche, a razão e o coração são absorvidos pela *vontade*. Descartes personifica o racionalismo; Rousseau, o sentimentalismo; Nietzsche, o voluntarismo.

Descartes, que não tinha inclinação religiosa, mas cumpria os ritos do cristianismo, forjou uma maneira de pensar que era incompatível com a fé cristã. Sem querer, tornou-se o pai do ateísmo moderno. Rousseau, que tinha um espírito religioso, mas não acreditava em Jesus Cristo, concebeu uma paródia do cristianismo tão infame quanto sedutora. Nietzsche, antirreligioso e anticristão, produziu a imagem cruel e dramática do "super-homem", que é a antítese do Deus-homem da religião cristã.

Descartes, Rousseau e Nietzsche são fundadores. Kant e Hegel são apenas a continuação lógica de Descartes: elaboram sistemas com base na ideia cartesiana. Muito embora possuam intelectos de poder excepcional, sua originalidade é somente "secundária". Por esta razão, aqui não trataremos de Kant nem de Hegel.

Tampouco, no corpo do texto, nos referiremos a Karl Marx, o herdeiro intelectual de Rousseau; mas, uma vez que o marxismo foi a ideologia dominante do século XX, seja-nos permitido dizer algumas palavras sobre ele neste prefácio.

Tal como Rousseau, Marx era religioso; porém, diferentemente de Rousseau, ele acreditava em Jesus Cristo — e acreditava tanto que declarou guerra a Ele. Marx, batizado na Igreja Luterana aos seis anos de idade, tornou-se um satanista. Ele escreveu "versos satânicos", que foram publicados ao longo de sua vida na revista alemã *Athenäum*: "Os vapores infernais ascendem e preenchem o cérebro, até que eu enlouqueça e meu coração se encontre completamente mudado.

Vês esta espada? O príncipe das trevas a vendeu para mim".⁴

Robert Payne e Richard Wurmbrand destacam outros poemas de Marx que são igualmente explícitos:

> O Céu perdi, eu o sei bem
> Fiel minh'alma a Deus outrora
> O Inferno escolhe e acolhe — Amém...
> Vingança é o que me resta agora.
>
> Meu trono altivo forjarei
> Tremendo e frio é o seu topo
> Em breve o infindo abraçarei
> E em breve pragas uivo a todos
>
> Soberbo, o mundo desafio
> O fim verei do grande anão
> Sua queda o ardor não reprimiu
>
> Glorioso deus vagando então
> Irei às ruínas do mundo
> Meu verbo é apenas agressão
> Serei um Criador fecundo⁵

Nietzsche se autodenominava "o Anticristo", o que não é verdade, visto que ele não acreditava em Cristo. Marx, por outro lado, é um verdadeiro anticristo. Ele é o "inimigo pessoal de Deus" (tal como Lênin

---

4 K. Marx, *Der Spielmann* (*Player*, também traduzido como *The Fiddler*), escrito em 1837 e publicado em *Athenaum: Zeitschrift fur das gebildete Deutschland*, 23 de janeiro de 1841.
5 R. Payne, *The Unknown Karl Marx*. Nova York: New York University Press, 1971, p. 12; R. Wurmbrand, *Was Marx a Satanist?* (1986), pp. 9, 12, 15, 22.

se autodenominava). O marxismo é uma arma criada por Karl Marx para acabar com Deus. Marx acreditava no marxismo assim como alguém acredita no instrumento, mas, naturalmente, *não* acreditava em "ciência" marxista: em um paraíso terrestre dentro de um Estado comunista sem religião, sem família, sem propriedade privada. Marx cinicamente zombava de Deus e da humanidade. Ele não se importava com o proletariado; seu sonho era acabar com a civilização judaico-cristã. O marxismo é um fenômeno demoníaco que foi descrito com maestria no romance *Os Demônios* (1872), de Dostoiévski, publicado enquanto Marx ainda era vivo.

Nikolai Berdyaev escreveu em 1906 que "o socialismo alega se tornar a religião da nova humanidade, sua conexão intrínseca com a religião é inquestionável".[6] O filósofo russo continua: "O socialismo é um messianismo, o proletariado é o novo Israel... a classe escolhida estabelece na terra o reino prometido, oferecendo a felicidade que o Messias Crucificado não trouxe. O proletariado é o novo Messias, o fundador de um reino terreno em nome do qual foi rejeitado o antigo Messias, que anunciou um reino que 'não é deste mundo'. [...] A transferência de poder para esta nova classe constitui o grande salto histórico em direção à

---

6 N. Berdiaev, H. Socialism as religion, in *Questions of Philosophy and Psychology*. Moscou, 1906.

liberdade, a revolução mundial após a qual a verdadeira história ou meta-história começará".[7]

O marxismo passou,[8] mas foi apenas uma das múltiplas variantes do rousseaunismo. Rousseau, o pai intelectual de todas as pseudorreligiões modernas, permanece surpreendentemente relevante nos dias atuais.

Descartes, Rousseau e Nietzsche deixaram marcas indeléveis no mundo em que vivemos atualmente. É um mundo *subjetivista* (Descartes) guiado por "super--homens" (Nietzsche) sedentos de poder em uma atmosfera de religiosidade *sentimentalista* e *totalitária* (Rousseau).

Subjetivismo. O ser depende do meu pensamento. O ser é subjetivo, assim como a verdade e a bondade. O ser, a verdade e a bondade são "construções" do meu pensamento. Não há existência objetiva, tampouco verdade objetiva, nem bondade objetiva. Sou um sujeito

---

7   N. Berdiaev, H. Democracy, socialism, and theocracy, in *The New Middle Ages*, Berlin, 1924.

8   Com o colapso da União Soviética em 1991, o marxismo como doutrina econômica sofreu um grande golpe, embora viva sob várias aparências em diversos lugares. No entanto, o marxismo enquanto doutrina moral (parte da agenda satânica de Karl Marx) permanece vivo. Nos anos 1960, sob a influência do chamado do pensador marxista Antonio Gramsci para uma "longa marcha dentro das instituições", o marxismo começou a colocar uma grande ênfase na cultura — as universidades, os meios de comunicação, a religião organizada e as artes, especialmente o cinema e a televisão. O capitalismo, tendo absorvido a noção comunista e niilista de que tudo que promove a causa da humanidade progressista é bom, e de que é mau tudo que a impede, desde então tenta apagar a religião da sociedade, usando todos os meios de que dispõe. A revolução sexual, incluindo sua empregada — a ideologia de gênero — são manifestações fundamentais de marxismo cultural. O marxismo cultural, assim como o marxismo soviético, é uma pseudorreligião.

puro: não há princípios de natureza humana. Não há natureza humana. Não há ser humano. Há apenas meu pensamento. Visto que não há verdade objetiva ou bondade objetiva, exijo "tolerância" para todas as minhas ideias, opiniões e caprichos.

Sentimentalismo. Se ideias e valores são relativos, se não há nada maior do que eu, a única coisa capaz de me fazer feliz sou eu mesmo, são as minhas emoções. Não possuo outra regra de vida senão minha sensibilidade. Minha sensibilidade é minha religião.

Totalitarismo. (Ideologia dominante da nossa época, para a qual não há um termo em comum que a defina, mas que, a título de argumentação, podemos chamar de *relativismo moral*, a quem o capitalismo aquisitivo se submete voluntariamente.) A comunicação em massa dirige minha sensibilidade e estimula minhas emoções. Gosto disso. Faz-me sentir como se eu existisse. Distinguir entre verdade e falsidade nas informações que recebo é um exercício inútil, já que tudo é subjetivo. E os outros que atrapalham o meu caminho para a felicidade, querendo me impor ideias e valores que chamam de "objetivos", eu logo procuro "cancelar".

~

São esses os frutos da filosofia de Descartes, Rousseau e Nietzsche. O subjetivismo (Descartes) gera sentimentalismo (Rousseau), do qual o totalitarismo, naturalmente, emerge, coordenado por um grupo de "super-homens" (Nietzsche).

O subjetivismo origina o desprezo pela razão, que é substituída por emoções manipuladas por uma casta de indivíduos sedentos por poder. O vazio existencial causado pela castração da razão é preenchido por uma religião de sentimentos, cujos novos inquisidores subjugam povos inteiros ao "cancelarem" os indivíduos que consideram inadequados. É assim que a cultura da tolerância se transforma na "cultura do cancelamento".

O subjetivismo só pode levar ao totalitarismo, pois destrói todos os pontos de referência. Com o subjetivismo, tudo se torna possível, mesmo o que é inimaginável. Tudo se torna justificável, mesmo os crimes mais horrendos. A razão não existe mais, o "senso comum" não existe mais. Há apenas a *minha* sensibilidade e aqueles que a mantêm e a manipulam.

Se ao menos Descartes soubesse aonde o seu *cogito* — "penso" — levaria!

A segunda parte deste livro considera os *construtores*: Pascal, Kierkegaard, Dostoiévski e Soloviev. Os construtores são personalidades integrais: seus corações, suas razões e suas vontades funcionam em harmonia, o que lhes permite entender toda a subjetividade do pensamento destrutivo e indicar caminhos para superá-lo.

Pascal nos convida a *encontrarmos nosso coração* a fim de restabelecer nossa razão em um mundo imerso na mais total subjetividade e no mais abominável sentimentalismo.

Kierkegaard nos convida a *viver uma vida autêntica, única, singular e irrepetível* num mundo tragado pela cultura de massa, pelo conformismo, pelo politicamente correto, pela despersonalização, pela padronização, pela ausência de personalidade, e pela imposição totalitária da tal vontade "geral".

Dostoiévski nos convida a *salvar nossa humanidade, nossa dignidade, e nossa liberdade* em um mundo que exige de nós que as negociemos em troca de conforto e segurança.

Soloviev nos convida a *praticar a unidade da vida*, a divinizar todos os aspectos (pessoais e sociais) da existência humana, a santificar a vida profissional, social e familiar, imbuindo-a do espírito cristão, a construir o reino de Deus no coração da sociedade, um reino que os cristãos tendem a evitar em nome de uma humildade mal-entendida.

Esses quatro pensadores são surpreendentemente atuais. Cada um, à sua maneira e com seu próprio carisma, nos elucida, nos inspira, e nos incita à ação.

Parte I
Os destruidores

O racionalismo de René Descartes
(1596–1650)

René Descartes nasceu numa família de pequena nobreza, em 31 de março de 1596, em La Haye-en--Touraine, entre Tours e Poitiers, na França. Era o mais novo dos três filhos da família.

Sua mãe morreu quando ele tinha apenas um ano de idade.

Seu pai, que era conselheiro no Parlamento da Bretanha na cidade de Rennes, raramente via os filhos. A avó materna de René se encarregou de sua educação.

Durante a infância, René se distinguia por sua incrível curiosidade. Seu pai o chamava de "meu pequeno filósofo". Fez os cursos primário e secundário no prestigioso colégio jesuíta de La Flèche, perto de Angers.

Uma vez que a saúde do menino era evidentemente precária, os jesuítas permitiram que ele levantasse às onze horas da manhã, e não às cinco, que nem os outros alunos. Descartes permaneceu fiel a esse costume pelo resto da vida.

Terminou os estudos aos vinte anos, profundamente enojado da educação que recebera. Escreveu:

> Assim que terminei todo o curso de estudos, ao fim do qual ser admitido na ordem dos sábios é algo comum, mudei completamente minha opinião. Encontrei-me envolvido em tantas dúvidas e erros que estava convencido de que não avançara nada em minhas tentativas de aprendizagem, além da descoberta, a cada passo, de minha própria ignorância. E, no entanto, estava estudando em uma das escolas mais consagradas da Europa, onde pensei que houvesse homens cultos, se é que homens assim existissem em algum lugar.[1]

E continua:

> Por esses motivos, assim que minha idade me permitiu deixar de estar sob o controle de meus instrutores, abandonei inteiramente o estudo das letras, e resolvi não procurar mais nenhuma outra ciência senão o que eu pudesse encontrar dentro de mim, ou no grande livro do mundo. Passei o restante de minha juventude viajando, visitando cortes e exércitos, me comunicando com homens de diferentes inclinações e classes, colecionando experiências variadas, colocando-me à prova em situações diferentes em que a sorte me lançou, e, acima de tudo, refletindo acerca da matéria de minha experiência a fim de assegurar qualquer benefício dela.[2]

Após estudar Direito por algum tempo em Poitiers, aos 22 anos ingressou no exército: primeiramente na Holanda, um país protestante, porém aliado da França na guerra contra a Espanha, e em seguida na Alemanha,

---

[1] R. Descartes, *Discurso do método*, parte 1.
[2] Descartes, *Discurso do método*, parte 1.

na Liga Católica que estava em guerra contra os protestantes tchecos.

Na Holanda, conheceu Isaac Beeckman, conhecido por sua análise matemática do fenômeno físico. Na Alemanha, se interessou pela Rosacruz, que abraçava princípios esotéricos e a quem dedicou seu livro *The Mathematical Thesaurus of Polybius, the Cosmopolitan* (1619).

Em 10 de novembro de 1619, na Bavária, Descartes, enregelado no frio da manhã, refugiou-se num fogão de parede e passou o resto do dia ali dentro a pensar. Repentinamente teve uma visão de uma representação matemática do universo, cujas leis poderiam ser deduzidas por meio de certas fórmulas matemáticas universais. "Em 10 de novembro de 1619", lemos em seu diário: "cheio de entusiasmo, encontrei o fundamento de uma ciência admirável",[3] uma ciência que permite a construção de qualquer tipo de conhecimento sobre o fundamento sólido da matemática.

Profundamente tocado por sua descoberta, Descartes entrou em transe. Na noite de 10 de novembro, teve três sonhos sucessivos que o convenceram de que encontrara graça perante Deus. Prometeu ir em peregrinação ao santuário de Nossa Senhora de Loreto "antes do fim de novembro" para render

---

3 R. Descartes, *Olympica*, fragmento.

graças a Deus por tê-lo inspirado na descoberta da "nova ciência".

Ele não cumpriu sua promessa. Não foi a Loreto senão quatro anos depois, durante uma viagem à Itália que fizera por outros motivos bem diferentes. Escreveu:

> Achei necessário, primeiramente, tentar estabelecer [os princípios da nova ciência]. E porque observei, além disso, que uma investigação dessa natureza era, dentre todas, de grande importância — sendo uma investigação em que a precipitação e a antecipação de julgamento eram as mais temidas —, pensei que não deveria abordá-la até que tivesse alcançado uma idade mais madura (tendo naquela altura tinha vinte e três anos), e havia, em primeiro lugar, empregado muito do tempo em preparação para a obra, tanto erradicando de minha mente todas as opiniões errôneas que aceitara até aquele momento, quanto acumulando uma variedade de experiências para oferecer materiais para os meus raciocínios, e também continuamente me exercitando no método escolhido, tendo em vista uma habilidade maior em sua aplicação.[4]

Descartes deixou o exército em 1621 e passou um tempo na Itália. Em 1625, mudou-se para Paris, onde seu trabalho científico o levou à descoberta do princípio de velocidades virtuais. Em 1628, juntou-se ao exército de Richelieu, que sitiou a cidade de La Rochelle, um reduto huguenote.

Em 1629, à procura de calma e segurança (temia que o Estado francês o perseguisse por suas ideias), voltou

---

4 Descartes, *Discurso do método*, parte 2.

para a Holanda (protestante e republicana), onde trocou ampla correspondência com os cientistas mais famosos da época. Estudou as mais diversas ciências, da medicina à meteorologia. Ao longo de seus vinte anos na Holanda, mudou de residência quinze vezes, sem jamais revelar seu endereço aos destinatários.

Em 1634, concluiu seu *Tratado da Luz*, mas quando soube que a Inquisição acabara de condenar Galileu por suas declarações quanto ao movimento da Terra, teve medo (Descartes, assim como Galileu, era um defensor do heliocentrismo) e decidiu não publicar sua obra.

Em 1635, nasceu Francine, sua filha ilegítima. Ela morreu de escarlatina aos cinco anos de idade. Para René, foi um choque terrível.

Em 1637, publicou *Discurso do Método*, no qual declarou sua tese "Penso, logo existo", e em 1641, *Meditações de Filosofia Primeira*, onde expôs sua doutrina a respeito do dualismo da alma e do corpo (a alma e o corpo, segundo Descartes, são duas substâncias separadas e independentes). Em 1644, publicou *Princípios de Filosofia*, no qual afirmou que o universo, apesar de ter sido criado por Deus, funciona como um organismo autônomo.

As *Meditações* e os *Princípios* não venderam bem. A popularidade de Descartes não veio desses livros, mas de um grupo relativamente pequeno de admiradores que propagou suas ideias.

Acabou que a Holanda não era o bastião de liberdade que ele pensara que fosse: protestantes fanáticos acusaram-no de ateísmo.

Descartes, por meio de seu amigo Pierre Chanut (embaixador francês na Suécia), correspondeu-se com a rainha Cristina da Suécia. Ousada e erudita, Cristina o convidou à corte e, em setembro de 1649, mandou que um navio de guerra o levasse a Estocolmo.

Cristina pediu a Descartes que lhe desse aulas todos os dias às cinco da manhã! Para Descartes, que desde a infância estava acostumado a levantar tarde, acordar tão cedo assim provou-se uma mortificação tão cruel que enfraqueceu sua saúde. Ele pegou uma friagem, que virou pneumonia e o levou à morte em 11 de fevereiro de 1650.

A princípio, os jesuítas consideraram sua filosofia um instrumento útil na batalha contra o pensamento materialista que florescia na época, mas posteriormente perceberam o perigo que representava para a fé cristã e declararam guerra contra suas ideias. Luís XIV proibiu o ensino da filosofia de Descartes em todas as escolas francesas. No entanto, a popularidade e a influência do filósofo-erudito apenas cresceram. Nos anos finais do século XVII, quando os ataques oficiais contra Descartes cessaram, tornou-se necessário encarar os fatos: nas universidades francesas, não se ensinava mais a filosofia realista de Aristóteles, mas a filosofia racionalista de Descartes.

Dezessete anos após a morte do filósofo, seus restos mortais foram transferidos de Estocolmo para Paris, onde encontraram repouso na Igreja de Saint-Germain-des-Prés. Seu crânio teve um destino especial: foi colocado em exposição permanente no Museu Nacional de História Natural.

Descartes foi o fundador de todas as ciências naturais teóricas dos tempos modernos, embora no campo da física experimental tenha sido superado por Pascal. Ele era um gênio da análise, ainda que às vezes desse declarações questionáveis. Acreditava, por exemplo, que a alma humana estava localizada na glândula pineal.

Com sua tese "Penso, logo existo", Descartes lançou as bases da filosofia moderna, tornando-se, involuntariamente, pai do subjetivismo, do agnosticismo, e do ateísmo contemporâneo.

A personalidade de Descartes

Descartes era seco e egoísta. Embora tivesse muitos admiradores, parecia não amar ninguém.

Ainda que ao longo de sua vida afirmasse ser um filho fiel da Igreja Católica, na realidade era indiferente à religião. Ia à missa aos domingos e fazia o melhor que podia para evitar ser acusado de heresia, mas seu catolicismo era mera formalidade, algo calculado para agradar os que o rodeavam. Tímido e prudente, evitava arranjar problemas com as autoridades civis e com o clero.

Quando um grupo de estudiosos católicos, que não se sentiram dissuadidos após a condenação de Galileu, interveio para defender o ensinamento heliocêntrico de Copérnico, Descartes permaneceu em silêncio. Ele demonstrou pouca evidência de sinceridade ou de transparência. Seu lema era *Qui bene latuit, bene vixit* (Vive bem quem bem se esconde).

Ao que parece, Descartes acreditava nas verdades "básicas" da religião cristã: existência de Deus, criação do mundo, imortalidade da alma, o livre-arbítrio do homem, a Encarnação. Mas a única coisa de que podemos ter certeza é que ele estava tentando nos convencer da compatibilidade de seu pensamento com essas verdades. E, quanto mais insistia, mais dúbia parecia sua ortodoxia.

Descartes não se distinguia por suas virtudes militares. Na Holanda e na Alemanha, não fez guerra: fez matemática. Para ele, o exército era apenas uma maneira de conseguir viajar. Não foi a La Rochelle para lutar, mas para contemplar as notáveis obras de engenharia relacionadas ao cerco.

Descartes tinha uma autoestima desmedida. Tinha certeza de que era invejado e que por isso recebia críticas. Alegava não ter tomado nada emprestado de outros eruditos e se recusava a reconhecer o mérito deles. A reputação e a glória dos outros o mortificavam.

Um exemplo foi uma viagem para a França, em 1645, durante a qual conheceu Pascal. Os dois cientistas discutiram a questão do barômetro de Torricelli. Em 1648, Pascal realizou seu famoso experimento no vulcão Puy de Dôme, localizado no Maciço Central da França, a fim de testar a hipótese do "peso da atmosfera terrestre". Descartes, que não suportava a ideia de que tamanho experimento pudesse ser conduzido sem sua participação, mais tarde viria a dizer que ele próprio inspirara Pascal. Pascal negou: disse que a necessidade de realizar o experimento era tão óbvia que não precisava que Descartes lhe dissesse isso.

A filosofia moral de Descartes é limitada a algumas regras simples e pouco originais:

> A primeira era obedecer às leis e costumes de meu país, aderindo firmemente à fé que, pela graça de Deus, me fora ensinada desde a infância, e regulando minha conduta em todos os outros assuntos de acordo com as opiniões mais moderadas e longe de extremismos, o que deveria ser adotado na prática com o consentimento geral das pessoas mais criteriosas entre as quais eu pudesse estar vivendo... Minha segunda máxima era ser tão firme e resoluto quanto possível em minhas ações... Minha terceira máxima era me empenhar sempre para me superar, em vez de adquirir fortuna; e mudar meus desejos, em vez de mudar a ordem do mundo.[5]

Se a segunda regra (levar a cabo resolutamente as ações) é um chamado à prática de virtude, a primeira (não cair

---

5 Descartes, *Discurso do método*, parte 3.

em "excessos") e a terceira (não se encarregar de melhorar a sociedade) são um apelo à pusilanimidade. Ainda hoje, deixam os admiradores do estudioso perplexos.

A mente de Descartes era poderosa, mas seu coração e sua vontade eram disfuncionais. Seu senso moral, tal como seu senso religioso, demonstrava sinais de atrofia avançada.

A única certeza é matemática

Lutero, que se considerava um pecador, sofria por não ter certeza de sua salvação. Criou, então, um sistema que eliminaria toda e qualquer dúvida: *Estou salvo se creio em Jesus Cristo como meu Salvador. Meus pecados — quer sua quantidade, quer sua natureza — pouco importam.*

Descartes também queria ter certeza. Ele não buscava certezas religiosas concernentes à salvação de sua alma, mas certezas intelectuais provenientes do conhecimento. Não eram certezas teológicas, metafísicas ou intuitivas, mas certezas *matemáticas*! "Fiquei sobretudo encantado com a matemática devido à certeza e à evidência de seus raciocínios",[6] escreveu.

O desejo pela certeza no campo do conhecimento é razoável (não podemos acreditar em qualquer coisa), mas o desejo por certeza exclusivamente *matemática* é insano. O homem primeiramente conhece com o

---

6 Descartes, *Discurso do método*, parte 1.

coração, e depois, com a razão. "A faculdade que nos permite apreender os primeiros princípios é o coração", diz Pascal. "O conhecimento dos princípios, tais como espaço, tempo, movimento, número, é tão sólido quanto qualquer outro derivado da razão... Princípios são intuídos, proposições são inferidas, e tudo com certeza, embora por diferentes meios". [7]

Descartes duvidava da validade dos primeiros princípios. Para ele, o coração era inútil enquanto instrumento de conhecimento. O conhecimento só podia ser matemático. Ele acreditava que uma ciência que não fosse baseada em matemática não poderia, de maneira alguma, ser uma ciência.

De acordo com ele, conhecemos a verdade por meio do método de ideias "claras e distintas". Tais ideias são *matematicamente evidentes*. Elas são os pilares da ciência. Todas as outras ideias devem ser reduzidas a essas ou excluídas. O mundo só é transparente aos nossos olhos pois é uma extensão geométrica inteiramente sujeita à nossa inteligência.

A mente e o corpo: duas substâncias independentes

Descartes estava convencido de que a alma e o corpo eram substâncias absolutamente *independentes* uma da

---

[7] B. Pascal, *Pensées* (1670), seção 4, "Dos meios da crença", n. 284.

outra, enquanto a filosofia da Idade Média proclamava a unidade substancial do organismo humano: o ser humano é composto de um corpo material e uma alma espiritual que, juntos, formam a mesma e única substância.

Segundo Descartes, a alma humana não conhece o mundo por meio do corpo (os sentidos), mas de modo inato. Descartes reconstruiu a inteligência humana de acordo com o modelo angélico. Os anjos, que são puramente espirituais, apreendem a realidade por meio de ideias recebidas da parte de Deus no momento em que são criados. Essas ideias inatas lhes permitem conhecer as coisas criadas sem intermediários, à luz do ato pelo qual foram criadas. Eles não raciocinam; eles veem. As "ideias claras e distintas" de Descartes, como as dos anjos, não vêm do mundo material, mas de Deus. Para o filósofo francês, o intelecto humano, assim como o dos anjos, não raciocina, mas vê a realidade e a abraça diretamente.

De acordo com Descartes, a alma não necessita do corpo. E o corpo não precisa da alma. O corpo é uma máquina que se impulsiona.

Descartes superestimou as capacidades da alma humana e subestimou a dignidade do corpo humano. O homem não é um anjo: ele conhece através dos sentidos! O corpo humano não é uma máquina: é vivificado por uma alma espiritual!

O homem cartesiano não é um homem: é um anjo ou uma máquina, dependendo de como é observado.

Descartes é o fundador do idealismo moderno, bem como do materialismo.

Nossos sentidos nos enganam

Segundo Descartes, o erro mais comum é presumir que minhas ideias, ou percepções, vêm de coisas. Parece razoável supor que algo que me é externo imprima em mim sua imagem. Mas *será que é assim?* Tendo a acreditar que sim, mas é apenas uma crença, e não algo provado. "Os sentidos quase sempre nos enganam", disse Descartes. O conhecimento deve vir da razão, e não dos sentidos!

Na realidade, o homem não tem como chegar ao conhecimento exceto pela combinação de sua razão e de seus sentidos. Apenas a inteligência angélica consegue conhecer sem a participação dos sentidos.

Nesse nível de conhecimento, Kant levará a obra de Descartes a seu extremo. *Grosso modo*, ele dirá o seguinte ao filósofo francês: "Você está certo, René, ao dizer que os sentidos são inúteis para o conhecimento, mas está errado ao alegar que o homem conhece as coisas de maneira inata. O intelecto pensante conhece apenas o pensamento em si ou suas representações, mas a coisa por trás dessas representações — a coisa em si — é incognoscível".

Descartes encerrou a forma tradicional de conhecimento e inaugurou uma nova. Mas essa nova forma acabou se mostrando equivocada. A "dúvida metódica" de Descartes ("Duvido metodicamente a fim de conhecer a realidade") converte-se em agnosticismo total com Kant ("Apenas conheço meu pensamento; não tenho acesso ao ser, e a realidade é incognoscível"), e idealismo absoluto em Hegel ("Meu pensamento, isto é o ser; é inútil procurá-lo em outro lugar, pois meu pensamento produz a realidade!").

Penso, logo existo

Meu corpo, diz Descartes, talvez seja ilusório. Meu pensamento, por outro lado, só pode ser real:

> Ao observar que esta verdade — *Penso, logo existo* — era tão clara e evidente que não havia nenhum terreno para dúvida; por mais extravagante que fosse, podia ser alegada pelos céticos e seria capaz de abalá-la. Concluí que eu poderia, sem escrúpulos, aceitá-la como o primeiro princípio da filosofia à qual eu estava à procura.[8]

Minha existência, insiste Descartes, é demonstrada pelo fato de que penso. Se paro de pensar, a evidência de minha existência desaparece. Portanto, existo quando penso, e somente quando penso.

---

8 Descartes, *Discurso do método*, parte 4.

Descartes faz com que o *ser* dependa diretamente do *pensar*. Se, outrora, nossa capacidade de pensar era considerada uma consequência de nosso ser ("Penso porque sou"), agora nosso ser se torna uma consequência de nossa capacidade de pensar ("Sou porque penso"). Segundo Kant, Descartes realizou uma "revolução copernicana" na filosofia: Deus não é mais o centro, mas o sujeito pensante.

Ao fazer do *cogito* — "Penso" — o ponto de partida da filosofia, Descartes pôs em movimento um processo pelo qual realidades transcendentes (Deus, o ser, a bondade, a beleza) são transformadas em subprodutos do pensamento. Por meio do pensamento o homem produz Deus, que permanece em seu pensamento. Esse Deus é o próprio homem!

Ao colocar o sujeito pensante no centro, Descartes suprime Deus, pois um deus periférico não é Deus, senão um produto de nosso pensamento. À fórmula de Descartes — *Cogito, ergo sum* — opõe-se à fórmula de Franz von Baader: *Cogitor, ergo sum* — "Sou pensado, logo existo". Em outras palavras, Deus pensou em mim desde toda a eternidade e por isso me criou. E se continuo a existir, é porque Deus não cessa de pensar em mim e me dá o ser. Se ele parasse de pensar em mim por apenas um segundo, instantaneamente eu me converteria em nada. Para Baader, filósofo alemão do fim do século XVIII e início do XIX, Deus é o centro, enquanto o homem — o sujeito pensante — é a periferia. Tal é a ordem racional das coisas.

Na época de Descartes, a filosofia da Antiguidade grega e da Idade Média europeia precisava ser remodelada, mas com Descartes tudo isso foi simplesmente destruído. Antes de Descartes, procurávamos entender o lugar que Deus nos designara no universo; depois, afirmamos que "criamos" nosso próprio universo dentro de nós mesmos. Descartes está na origem filosófica de uma visão de mundo em que o sujeito pensante é a fonte e o centro de todas as coisas.

VIVER, SEGUNDO DESCARTES

Descartes criou um novo tipo de homem: o racionalista.

Para o racionalista, a grande questão da existência diz respeito ao conhecimento: "O que posso saber com certeza?" — e por *certeza* ele quer dizer "certeza matemática".

O racionalista é um ser exclusivamente intelectual. Ele é incapaz de uma interação sensorial, sincera e alegre com o objeto de conhecimento; incapaz de um encontro autêntico com o objeto de conhecimento. Analisa friamente a realidade, mas não "comunga" com ela. Seu conhecimento não o toca, não o afeta nas profundezas de seu eu interior. Com tendência a ser inexpressivo emocionalmente, não consegue responder ao que conhece quer seja com alegria, tristeza, compaixão ou amor. Seus sentidos se atrofiam.

O objetivo é a análise intelectual! Mas a distância que mantém do objeto de sua análise é tão grande que o torna incapaz de acessá-lo e contemplá-lo — e, portanto, conhecê-lo.

O racionalista reduz toda a realidade à sua fraca habilidade de entendê-la. Exteriormente, parece ser inteligente, mas sua compreensão das coisas é extremamente limitada — tal qual um computador.

O sentimentalismo de Jean-Jacques Rousseau
(1712–1778)

Rousseau nasceu em 28 de junho de 1712, em Genebra, Suíça, sede do calvinismo desde 1536.

Seu pai, um relojoeiro, arranjou briga com um compatriota e, após esse evento, a família teve de fugir para um distrito vizinho.

Sua mãe faleceu uma semana depois de seu nascimento, devido a uma infecção pós-parto. Pelo resto da vida, Rousseau procuraria nas mulheres — sobretudo em suas amantes — uma figura materna.

Desde os dez anos de idade, Jean-Jacques viveu em Genebra sob os cuidados do tio materno. Passou dois anos em um internato calvinista, sendo posteriormente confiado a um tabelião, e depois a um entalhador, que o tratava com severidade. Certo dia, aos quinze anos, temendo ser punido por chegar tarde em casa, decidiu fugir.

Além dos portões de Genebra encontra-se a Saboia católica. Lá, Rousseau, necessitado, pediu a um padre que o ajudasse. O padre o enviou a uma certa Madame de Warens, baronesa abastada de vinte e nove anos de idade que nascera numa família protestante suíça, havia pouco abandonara o marido e se estabelecera em Annecy, Saboia, onde abraçou a fé católica.

Françoise-Louise de Warens conseguiu que Rousseau fixasse residência no Hospice des Catéchumènes em Turim, Itália, um centro de treinamento para catecúmenos. Nove dias depois, Rousseau se tornou católico.

Em Turim, começou a trabalhar como secretário e criado de uma nobre senhora, que morreu três meses depois. Após sua morte, descobriu-se que um objeto caro — uma fita — estava em posse de Jean-Jacques, que a roubara da falecida. Ele alegou que a fita lhe fora dada por uma garota, uma jovem que trabalhava como cozinheira da velha senhora. A família acreditou em Rousseau e puniu a jovem. "Quando acusei a infeliz moça, é estranho, porém totalmente verdadeiro, que o motivo imediato de tê-lo feito foi minha amizade com ela. Ela estava presente em meus pensamentos; moldei minha desculpa a partir do primeiro objeto que se apresentou".[1]

Em 1729, voltou para a Madame de Warens. Ele tinha dezessete anos de idade; ela, trinta. Ela se tornou sua guia e amante. Ele a chamava de "mãe", geralmente de "mamãe". Ensinou-o a escrever bem e a se expressar no linguajar das pessoas bem-educadas.

---

[1] J.-J. Rousseau, *Confissões* (1782), parte 1, livro 2.

Preocupada com o futuro de seu pupilo, Madame de Warens o mandou ao seminário, depois, para ser aprendiz de organista, mas logo ele desistiu do órgão. Rousseau voltou para Annecy. Entrementes, Madame de Warens já havia partido em direção a Paris.

Rousseau perambulou pela Suíça por mais de dois anos. Na primavera de 1732, tornou-se novamente hóspede da Madame de Warens, que estava morando com um tal de Claude Anet, jovem suíço convertido que também era sobrinho de seu jardineiro. Eles foram morar juntos, formando um triângulo amoroso.

Quando da morte de Anet aos vinte e oito anos de idade, cuja causa Rousseau atribuiu à pneumonia, o filósofo se viu sozinho com a Madame de Warens. A baronesa o enviou a Montpellier, a fim de obter tratamento para seu tumor cardíaco. Durante essa viagem, ele conheceu Madame de Larnage. Ela tinha dez filhos e era vinte anos mais velha do que ele (Madame de Larnage tinha quarenta e cinco anos, e Rousseau, vinte e cinco). Moraram juntos por três dias: "Oh! Esses três dias! Que motivo tenho para me arrepender deles? Nunca mais experimentei tamanha felicidade".[2]

Ao retornar, encontrou a baronesa com um novo amante, novamente um jovem suíço que acabara de se converter. Rousseau o chamava de "irmão". Estabeleceu-se um novo triângulo amoroso.

---

2 Rousseau, *Confissões*, parte 1, livro 6.

Foi nessa época que os primeiros sinais da misantropia de Rousseau começaram a aparecer. Frequentemente se isolava. Buscava conforto na natureza: despertava ao romper do dia, trabalhava no jardim e se dedicava à apicultura.

Em 1740, aos vinte e oito anos, arranjou um emprego de tutor em uma família de Lyon, mas logo pediu as contas porque não sabia como se portar com crianças ou adultos. Em seguida, obteve o cargo de secretário particular do embaixador francês em Veneza. Ele se fez de importante, imaginando-se como diplomata. O embaixador, chocado, mandou-o embora sem ao menos pagar o salário.

Em Paris, Rousseau teve um caso amoroso com uma garçonete do hotel em que estava hospedado — Marie-Thérèse Levasseur, jovem camponesa e analfabeta. Disse que nunca sentira nada pela jovem, mas isso não o impediu de se casar com ela dali a vinte anos. Juntos, tiveram cinco filhos, os quais Rousseau colocou no Enfants-Trouvés, um lar para crianças abandonadas. "Esse arranjo me pareceu tão bom, razoável, e legítimo que, se não me vanglorio publicamente dele, é apenas por consideração à mãe".[3] Ele sentia que isso o fazia ser um bom cidadão e um pai de verdade.

Após conseguir um cargo como secretário de um comerciante, Rousseau começou a frequentar o círculo

---

3 Rousseau, *Confissões*, parte 2, livro 8.

a que pertenciam a célebre Madame d'Épinay e Denis Diderot, o líder dos enciclopedistas franceses.

Em 1749, aos trinta e sete anos, Rousseau visitou Diderot, que estava encarcerado no castelo em Vincennes. No caminho, leu no *Mercure de France* que a Academia de Dijon concebera um concurso para responder à seguinte pergunta: "A restauração das ciências e das artes contribuiu para a purificação dos princípios?".[4]

Rousseau, numa carta a seu amigo Chrétien-Guillaume de Malesherbes, reconta em detalhes o impacto que lhe sobreveio quando do anúncio do concurso do *Mercure de France*:

> Algo que se assemelhasse a um clarão de inspiração: eis o turbilhão que me dominou ao ler aquele anúncio. Repentinamente, sinto meu espírito deslumbrado por mil intuições brilhantes. Uma miríade de ideias avoluma-se sobre mim, perturbando minha mente com uma força e confusão impossíveis de se expressar. Sinto a cabeça rodar com uma vertigem que se assemelha à intoxicação. Uma palpitação violenta oprime e dilata meu peito; impossibilitado de respirar enquanto caminho, permito-me colapsar sob uma das árvores que flanqueiam a avenida. Lá, passo meia hora em tal estado de agitação que, ao me levantar, descubro que a frente de meu colete está embebida em lágrimas que jamais soubera ter vertido. Oh, Senhor, se eu ao menos conseguisse escrever um quarto do que vi e senti sob aquela árvore, quão claramente revelaria todas as contradições do sistema social; quão fortemente teria exposto todos os abusos de nossas instituições; com que simplicidade eu demonstraria que o homem é

---

4 Rousseau, *Confissões*, parte 2, livro 8.

naturalmente bom e que somente por meio destas instituições ele se torna mau!⁵

O homem é naturalmente bom! Uma reação inconsciente ao calvinismo de sua infância, que proclamava a *corrupção total*, a *depravação absoluta* da natureza humana causada pelo pecado original. O homem é bom por natureza! As ciências, as artes e instituições sociais só sabem corrompê-lo!

Rousseau ganhou o primeiro prêmio por seu *Discurso sobre as ciências e as artes*. E, assim, a sociedade iluminista recompensou seu próprio detrator. Voltaire ficou deslumbrado.

Para Rousseau, iniciou-se uma década de intensa atividade e triunfo. Senhoras socialmente proeminentes o visitavam. Ele aceitou um convite para visitar sua cidade natal. Retornou à fé calvinista (o que parece incrível após o "iluminismo" de Vincennes) e se tornou um cidadão de Genebra.

Em 1754, a Academia de Dijon anunciou um novo concurso abordando a seguinte pergunta: "Qual é a origem da desigualdade entre os homens, e essa desigualdade é autorizada pela lei natural?". Em 1755, Rousseau escreveu seu segundo discurso, intitulado *Discurso sobre a origem e a base da desigualdade entre os homens*. Ele o dedicou à República de Genebra. Se, em seu primeiro

---

5   J.-J. Rousseau, Carta para M. de Malesherbes, 12 de janeiro de 1762.

discurso, denunciou as ciências e as artes por suas influências corruptoras, nesse novo discurso condenou tudo o que constitui a base da vida civil: a propriedade, o Estado, as leis. Pela primeira vez, negou publicamente a doutrina do pecado original.

A sociedade iluminista, cheia de entusiasmo, acolheu novamente a condenação que lhe foi lançada. Madame d'Épinay mandou construir uma casa de campo para Rousseau no terreno de sua propriedade rural, perto de Saint-Denis. Na primavera de 1756, ele se mudou para seu "eremitério". Rouxinóis cantavam sob suas janelas, e a floresta se tornou sua "sala de trabalho", permitindo-lhe vagar por dias numa contemplação solitária.

Aos quarenta e quatro anos, Rousseau apaixonou-se perdidamente pela condessa Sophie d'Houdetot, que tinha 26 e era cunhada de Madame d'Épinay. Há tempos a condessa se encontrava apaixonada pelo poeta Jean-François de Saint-Lambert, que servia no exército. Rousseau, caído de amores, verteu lágrimas de alegria aos pés da condessa, censurando-se ao mesmo tempo por trair Saint-Lambert. Sophie, ainda apaixonada por Saint-Lambert, implorou a Jean-Jacques que se contentasse com uma amizade platônica. De maneira adaptada e idealizada, esta história passa a servir como tema do romance *Júlia, ou a nova Heloísa*, que Rousseau publicou poucos anos após o incidente.

Madame d'Épinay ridicularizou Rousseau pelo amor que ele sentia pela condessa d'Houdetot. Saint-Lambert, informado do caso por meio de uma carta anônima, solicitou ao exército um período de afastamento. Rousseau suspeitou que Madame d'Épinay o tivesse traído e enviou a ela uma carta cheia de insultos; ela o perdoou.

Aos contratempos com d'Épinay logo se seguiram um rompimento total com os *philosophes* e o círculo dos enciclopedistas. Madame d'Épinay, a caminho de Genebra para se encontrar com um médico famoso, pediu a Rousseau que a acompanhasse. Ele recusou. Diderot insistiu para que Rousseau aceitasse o convite e o repreendeu por sua ingratidão. Rousseau estava convencido de que Madame d'Épinay e Diderot queriam fazê-lo passar vergonha, fazendo-o se passar por lacaio da Madame.

Rousseau encontrou refúgio junto ao Duque de Luxemburgo, proprietário do castelo de Montmorency, ao norte de Paris. O duque colocou um pavilhão em seu parque à disposição de Rousseau. Lá, Rousseau passou quatro anos e escreveu *A nova Heloísa* e o *Emílio*. Ele não hesitava em declamar suas obras aos anfitriões, embora suspeitasse que agissem com hipocrisia. Ele os insultava e demonstrava desprezo por seu *status* social.

Em 1761 publicou *A nova Heloísa*; na primavera do ano seguinte, *Emílio*; algumas semanas depois, *O contrato social*.

Júlia, ou a nova Heloísa é um romance acerca do amor impossível de um tutor, cuja origem era humilde, por uma jovem nobre, sua aluna. Esse romance epistolar foi um sucesso que nenhuma outra obra da literatura francesa conseguiu superar no século XVIII. *Heloísa* é um novo tipo literário: uma "alma bela", virtuosa por natureza, imaculada, sem pecado, que não precisava da graça divina. Ela tem um coração puro: em todos os momentos e em todas as situações é guiada unicamente por seus sentimentos. Ela não precisa da razão, tampouco da vontade.

Emílio é um tratado de educação segundo os princípios "naturais". Foi considerado ofensivo por autoridades civis e eclesiásticas, visto que continha a "Profissão de Fé de um Vigário Saboiano", estabelecendo os princípios de uma religião natural conforme Rousseau os entendia. Antagonizou católicos e protestantes: o autor expõe sua "religião do coração", critica o ateísmo e o materialismo dos enciclopedistas, e ataca abertamente a Igreja.

O Parlamento de Paris ordenou que *Emílio* fosse queimado, e seu autor, encarcerado. Temendo ser torturado e levado para a fogueira, Rousseau fugiu para Genebra. Na fronteira com a Suíça, apressou-se para beijar o solo do "país da justiça e liberdade". No entanto, o governo de Genebra ordenou que queimassem tanto *Emílio* quanto *O contrato social*.

Rousseau refugiou-se no ducado de Neuchâtel, propriedade do rei da Prússia, e se estabeleceu num vilarejo chamado Môtiers. Voltaire publicou um panfleto anônimo acusando-o de pretender derrubar a constituição de Genebra e o cristianismo, e também de organizar o assassinato da própria sogra. Indignados, os habitantes de Môtiers decidiram matá-lo. Rousseau fugiu para a Inglaterra, onde se refugiou na casa do filósofo David Hume.

A saúde mental de Rousseau ficou fortemente abalada. Sua desconfiança e imaginação temerosa beiravam a mania. Em poucos dias, começou a achar que Hume era um traidor que o atraíra à Inglaterra a fim de torná-lo alvo de chacotas. Em retaliação, Hume divulgou os vícios de Rousseau à opinião pública inglesa e europeia. Enquanto isso, Voltaire alegremente instou os ingleses a confinarem Rousseau num sanatório mental.

Rousseau voltou a Paris. Apesar das sanções legais, ninguém mais o incomodou. Alarmado por um panfleto publicado em 1765, que impiedosamente expôs seu passado, escreveu suas *Confissões*, a fim de limpar seu nome e corrigir-se sinceramente. O orgulho, contudo, tomou conta, e suas *Confissões* se tornaram uma defesa de seu comportamento passado; poucas passagens lhe são desfavoráveis, e muitas são as que criticam seus inimigos. *Confissões* é um romance composto de duas partes. A primeira é um idílio poético, a efusão de uma alma apaixonada pela natureza, e uma expressão idealizada de seu amor pela Madame de Warens. A segunda é imbuída de malícia e suspeita; nem mesmo a esposa e os melhores amigos são poupados.

Na primavera de 1778, o Marquês de Girardin levou Rousseau para sua casa de campo em Ermenonville. No fim de junho, foi organizado um concerto em sua homenagem em uma ilha no meio do parque. Rousseau expressou o desejo de ser sepultado ali. Alguns dias depois, em 2 de julho de 1778, expirou nos braços de Marie-Thérèse.

Em 1789, eclodiu a Revolução Francesa. Em 1794, sob a Convenção (o regime revolucionário), os restos mortais de Jean-Jacques Rousseau foram sepultados no Panteão (igreja consagrada à Santa Genoveva que, posteriormente, foi transformada em mausoléu laico do Estado para abrigar os restos mortais de cidadãos franceses ilustres). Depositaram-no ao lado dos restos mortais de seu arquirrival Voltaire, que lá jaziam desde 1791. Ambos ocupam lugares de honra próximos à entrada principal do edifício.

A personalidade de Rousseau

Enquanto escritor, Rousseau era talentoso; como homem, seus defeitos eram gritantes:

- Autossuficiência: Jean-Jacques tinha um deleite religioso em si mesmo. Sua capacidade em admirar-se era ilimitada.
- Vaidade: constantemente referia-se a seu talento, à dignidade de seus escritos, à sua fama mundial. "Não

sou como ninguém que conheci; ouso dizer que não sou como nenhuma outra pessoa em toda a existência humana".[6]
- Voracidade sensual.
- Ingratidão: rapidamente se esquecia dos favores que outras pessoas lhe prestavam.
- Suscetibilidade e desconfiança: ignorava facilmente as pessoas que lhe eram próximas.
- Misantropia: não sabia viver em sociedade. Sentia-se estranho em todos os lugares. Aspirava a uma solidão na qual estaria rodeado pelas criaturas imaginárias de seus sonhos.

Sentimentalismo: a "Religião das Emoções"

O tema central da vida de Descartes é o conhecimento; para Rousseau, são as emoções. Descartes queria *saber*. Rousseau queria *sentir*.

O ponto de partida para a filosofia de Descartes é o sujeito *pensante*. Para Rousseau, é o sujeito *que sente*.

Para Descartes, eu *sou* meu pensamento. No pensamento de Rousseau, eu *sou* meus sentimentos.

Rousseau cultua as suas emoções e as defende com afetuosidade: são a sua religião. "Almejo o momento quando [...] só preciso de mim mesmo para ser feliz".[7]

---

6 Rousseau, *Confissões*, parte 1, livro 1.
7 J.-J. Rousseau, *Emílio* (1762), 1, 4.

A felicidade consiste em ser "suficiente a si mesmo tal como Deus o é".[8] Eu sou minha própria felicidade. Descartes é o pai do racionalismo; Rousseau é o pai do sentimentalismo. Na personalidade de Rousseau, o coração subordina a razão e a vontade. "Um estado de reflexão é um estado contrário à natureza", ele escreveu. "Um homem pensante é um animal depravado".[9] A "bela alma" é guiada apenas pelo coração. Viver de acordo com sua consciência é viver de acordo com seu coração: o que sinto é minha consciência! Faça o que seu coração manda — mesmo que isso signifique roubar, mentir, ou fornicar — e você sempre estará certo. O coração é infalível! Quando Rousseau roubou a preciosa fita de sua senhora e acusou de roubo a empregada doméstica, sua consciência estava limpa: sou um ladrão, mas tenho um bom coração! Ao colocar seus cinco filhos para adoção, estava convencido de que agia virtuosamente, uma vez que era uma decisão de seu coração. Diderot, um materialista e ateu, entendera bem a loucura e o perigo de tal pensamento quando disse a Rousseau "sei bem que, o que quer que você faça, sempre terá o testemunho de sua consciência a seu favor".[10] Para

---

8 Rousseau, *Os devaneios do caminhante solitário*, quinta caminhada.
9 J.-J. Rousseau, *Discurso sobre a origem e os fundamentos da desigualdade entre os homens* (1755), primeira parte.
10 S. M. Girardin, *Jean-Jacques Rousseau, as vie et ses ouvrages*, vol.4, *Revue des Deus Mondes*, 1853, pp. 865–892, traduzido do francês.

Rousseau, a razão e a vontade não eram atributos da moralidade. Por *consciência* ele quer dizer coração, por *virtude*, paixão natural.

O coração do sentimentalista — o coração de Rousseau — não é um coração de maneira nenhuma. É um trapo inútil agitando-se ao vento. A personalidade e o comportamento de Rousseau são contraditórios porque, sem razão e sem vontade, não há consistência e nem estabilidade. De fato, a vida de Jean-Jacques é feita de uma série de antíteses:

Em tudo extremo, contradizia-se a todo momento; tímido e impertinente, cínico e envergonhado, difícil de ser abalado e também de ser contido; alguém que sobrepuja outros quando começa a fazer algo; capaz de impetuosidades e de logo voltar à inércia, capaz de brigar com seu século e também de lisonjeá-lo, ele amaldiçoa sua reputação literária e almeja apenas defendê-la e aumentá-la; busca a solidão e deseja ser conhecido pelo mundo todo, esquiva-se da atenção e se sente desanimado quando não a recebe, menospreza os grandiosos e convive com eles, celebra as alegrias da independência e nunca cessa de aceitar a hospitalidade cuja paga é obrigatória e se dá em considerações espirituosas e inteligentes; sonha com casas de telhados de colmo e, contudo, habita castelos, une-se a uma camareira e ama apenas mulheres da alta classe, prega as alegrias da família e fracassa em seus deveres como pai, enche de carinhos os filhos dos outros enquanto larga os próprios filhos num abrigo; louva o sentimento celestial da amizade, mas não é amigo de ninguém; entrega-se e imediatamente retira-se; a princípio expansivo e cordial, em seguida desconfiado e virulento: eis Rousseau.[11]

O "bom selvagem"

Rousseau não usou o termo "bom selvagem", mas a ideia de um estado de natureza bom, inocente ou puro é central à sua interpretação da natureza humana: "O homem é naturalmente bom [...]. Não há perversidade original no coração humano [...]. Os primeiros movimentos da natureza são sempre honestos".[12]

O homem nasce puro. Quem o corrompe é a sociedade. Rousseau nega o ensinamento judaico-cristão do pecado original — ferida que herdamos desde o ventre e que põe na alma um foco de resistência ao amor de Deus: orgulho, ânsia por prazer, avidez por riquezas.

Rousseau não aceita o seguinte fato óbvio: o homem nasce espiritualmente doente. Criancinhas estão longe de serem puras e virtuosas. Elas têm tendências egoístas profundas que precedem a educação e a cultura.

A filosofia que nega as tendências desordenadas da natureza humana se chama *naturalismo*. Para o naturalista, tudo o que ocorre naturalmente conosco é

---

11 A. Chuquet, *J.-J. Rousseau*. Paris, 1893, p. 199.
12 J.-J. Rousseau, *Lettre à C. de Beaumont*. La Pléiade, 1762, pp. 935–937.

puro e perfeito; nossa primeira reação a estímulos externos não necessita de correção. É sempre nobre. Em vez de analisar, pensar, escolher e, por fim, resistir aos impulsos de certas emoções e sentimentos, o que se necessita é "viver".

"Seja você mesmo". Esta é uma frase que Rousseau repetia com frequência em seus últimos anos de vida. Sensibilidade acima de tudo. Não adianta tentar ser alguém melhor ou querer desenvolver a personalidade — para Rousseau, isso seria o equivalente a pecar. A cultura e a educação violam o mundo interior da alma — um sacrilégio!

O "bom selvagem" não precisa de consciência e nem de virtude, pois tem um coração. Tampouco necessita da graça de Deus, pois nasce puro e saudável.

O "bom selvagem" não precisa de nada. O "bom selvagem" pensa: quem precisa de uma sociedade? Embora a sociedade seja uma realidade, não sei de onde vem. Não posso destruí-la, mas posso reconstruí-la sobre novos alicerces, de modo que não mais me corrompa. Não sou eu quem deve melhorar, mas a sociedade — a política é a salvação da humanidade! É preciso criar uma sociedade nova e perfeita, uma sociedade que respeite minha liberdade e minha individualidade.

Eis toda a ideologia moderna do "progresso". A religião de Rousseau é uma "religião do progresso". A crença é que não somos salvos pelo intelecto (o desenvolvimento do caráter), tampouco pela religião (o derramamento da graça), mas pela política — pela reconstrução da sociedade!

Uma paródia naturalista do cristianismo

Rousseau é um reformador religioso. Sua fé é aquela do "Vigário Saboiano", no *Emílio*. Ele rejeita o pecado original e tudo o que dele decorre: a salvação da humanidade por meio de Cristo, a graça sobrenatural que Ele nos oferece, os sacramentos que instituiu, o poder redentor e santificador de Seu sofrimento e de todos os sofrimentos.

Jean-Jacques quer criar uma Nova Jerusalém na Terra, que não será fruto da graça de Cristo, mas do poder do homem. Ele esvazia o cristianismo de seu conteúdo sobrenatural.

O filósofo Jacques Maritain levantou a seguinte questão: "Laicizar o Evangelho, manter as aspirações humanas do cristianismo, mas eliminar Cristo — não seria isso tudo a essência da Revolução?".[13] Não foi essa a essência das revoluções Francesa e Bolchevique?

A esse respeito, Leon Tolstói, com seu "Cristianismo sem Cristo", é um filho fiel de Jean-Jacques Rousseau. Rousseau, que morreu onze anos antes da queda da Bastilha, e Tolstói, que morreu sete anos antes da tomada

---

13 J. Maritain, *Três reformadores: Lutero, Descartes, Rousseau*, Paris, 1925; Londres, 1928, capítulo sobre Rousseau, p. 15.

do Palácio de Inverno, são os grandes inspiradores das revoluções modernas.

O rousseaunismo é uma heresia cristã. Maritain declara que "devemos a Rousseau este cadáver de ideias cristãs cuja imensa putrefação envenena o universo hoje [...]. Se o mundo não vive pelo cristianismo vivo na Igreja, morre por causa do cristianismo corrompido fora da Igreja".[14]

Rousseau lançou a pedra fundamental para a criação de uma nova religião, que desde o fim do século XIX é chamada de *modernismo*. O modernismo é uma interpretação do cristianismo do ponto de vista do racionalismo cartesiano ("minha religião é o produto de meu pensamento") e sentimentalismo rousseauniano ("minha fé é o produto do meu sentimento"). Para o modernismo, não há nada transcendente ou sobrenatural no cristianismo: é uma invenção puramente humana.

Rousseau aprendeu a parar de acreditar no pecado original, no Inferno, e na redenção advinda da Madame de Warens. Ela o ensinou a viver pelos impulsos do coração e da carne, sem jamais sentir remorso de consciência — mesmo enquanto continuava a se considerar um bom cristão!

Foi com a Madame de Warens que Jean-Jacques desenvolveu sua religiosidade naturalista... A Madame de

---

14 Maritain, *Três reformadores*, capítulo sobre Rousseau, p. 16.

Warens não estava satisfeita em iniciar Jean-Jacques e Claude Anet, o jardineiro, apenas ao comunismo sexual; ao mesmo tempo ela iniciou Jean-Jacques na vida do intelecto... Se Jean-Jacques é o pai do modernismo, Madame de Warens merece ser chamada de mãe... Nem perto de ser vil ou desprezível como Voltaire — Rousseau foi muito pior, pois deu aos homens não apenas os meios de negar a religião, mas a religião extrínseca à Verdade indivisível... Ele conduziu o pensamento moderno a um sentimentalismo abominável, uma paródia infernal do cristianismo.[15]

Para o filósofo russo Vladimir Soloviev, "cristianismo sem Cristo" é a mais inimaginável mentira e fraude conhecida pela humanidade, e é o sinal mais claro da consumação do mundo e do retorno de Cristo à Terra.[16]

O contrato social

Segundo Rousseau, o homem natural (o "bom selvagem") é um ser solitário. Ele não é chamado a viver em sociedade. Mas, se a sociedade existe — e sua existência é um fato indiscutível —, como sua existência pode ser justificada?

Não se pode justificar uma sociedade que escraviza a pessoa nascida livre. Só é possível justificar uma

---

15 Maritain, *Três reformadores*, capítulo sobre Rousseau, p. 18.
16 Ver V. Soloviev, *Breve história sobre o Anticristo* (1900).

sociedade que seja fruto de um *contrato social*, em virtude do qual todos, ao obedecerem a todos, não obedecem especificamente a ninguém. Para que isso ocorra, cada pessoa deve entregar seus direitos naturais à comunidade — à "Vontade Geral". A pessoa deve cessar de existir enquanto indivíduo e agora existe apenas como parte da comunidade. Ao agir dessa maneira, submeter-se à Vontade Geral é submeter-se a si mesmo e, assim, ser livre.

Deste modo, Rousseau proclama o surgimento do eu social e a abolição do eu individual. No estado de natureza, existíamos apenas como indivíduos; na sociedade, existimos apenas como partes de um todo, como frações insignificantes dele. É assim que o individualismo (que não reconhece a realidade dos laços sociais impostos pela natureza) fatalmente leva ao socialismo, no exato momento em que se propõe a construir a sociedade.

A antropologia de Rousseau (o individualista que socializa) é profundamente imperfeita. Nossa sociabilidade não é o resultado de um contrato. Somos seres sociais por natureza. Não há estado individual e nem estado social distinto dela. Somos tanto seres individuais quanto sociais. Os direitos humanos não são contratuais: somos naturais e inalienáveis.

De acordo com Rousseau, ao submeter-me a uma lei contra a qual votei, permaneço livre, pois não voto para expressar minha opinião e sim para saber a Vontade Geral, revelada pelo resultado do voto. Portanto, se vence uma opinião a que me oponho, significa apenas que eu estava errado e que não era da Vontade Geral aquilo que eu julgava ser.

Indaga Maritain: "O que ele nos oferece aqui senão a transposição absurda do caso do fiel que pede, em oração, por coisas que julga apropriadas, e, contudo, ao mesmo tempo, pede que se faça a vontade de Deus acima de tudo? Ele concebe o voto como um tipo de oração dirigida à Vontade Geral".[17]

Rousseau substitui a vontade de Deus e Seus mandamentos pela Vontade Geral. Se alguém se recusar a obedecer à Vontade Geral, outros o forçarão a fazê-lo — em outras palavras, será "forçado" a ser livre! Esse exercício de sofisma originou a ideia e a prática do jacobinismo, com consequências fatais. Rousseau não só inspirou a Revolução Francesa de 1789, mas foi também seu líder intelectual.

Em seu *Leviatã*, Hobbes procurou conscientemente fortalecer o absolutismo monárquico, enquanto Rousseau, inconscientemente, trabalhou a favor do totalitarismo democrático.

Depois de glorificar o "estado de natureza" e estigmatizar a sociedade e o Estado como se estivessem fundados sob mentiras e violência, Rousseau proclamou o "estado da sociedade", cujo objetivo é castrar o indivíduo em nome de um estado poderoso!

---

17 Maritain, *Três reformadores*, capítulo sobre Rousseau, p. 13, 6.

A "religião" do *Contrato social* é tão insana quanto a "religião" de *Emílio* e da *Nova Heloísa*.

VIVER, SEGUNDO ROUSSEAU

Rousseau criou o tipo moderno do "individualista que socializa": seu eu individual exclui a sociedade, ao passo que seu eu social exclui sua individualidade.

Enquanto indivíduo, não tem outra regra de vida senão a própria sensibilidade. É um sentimentalista. Suas emoções são sua religião, sua consciência e virtude. Ele é desprovido da noção de pecado. É desprovido de razão e vontade. Sua existência é desarmônica, contradiz-se a todo momento.

Socialmente, existe apenas como parte do todo. Realiza-se no que é culturalmente e politicamente correto. Pertence ao rebanho. Seu pão de cada dia são os clichês psicológicos que nem de longe expressam a verdade. Sua religião é o progresso.

O voluntarismo de Friedrich Nietzsche
(1844–1900)

Nietzsche nasceu em 15 de outubro de 1844, em Röcken, próximo a Leipzig, território da atual Alemanha. Seu pai, Carl-Ludwig, era pastor luterano, assim como seus dois avôs.

Carl-Ludwig morreu aos trinta e cinco anos devido a uma doença hereditária que se manifestava em ataques violentos de enxaqueca. Friedrich tinha apenas cinco anos de idade. Dois anos depois, seu irmão mais novo, Ludwig Joseph, também morreu. Friedrich, sua mãe, e sua irmã Elisabeth (dois anos mais nova) mudaram-se para Naumburg.

Aos catorze anos, Friedrich ingressou no Pforta Gymnasium, um colégio interno para os alunos mais talentosos da Alemanha. Ele queria se tornar músico, mas sua mãe o dissuadiu.

Tal como o pai, Nietzsche sofria de insônia e enxaquecas, e também tinha a visão debilitada.

Aos vinte e um anos, começou os estudos em literatura e teologia na Universidade de Bonn, e continuou na Universidade de Leipzig.

Em Leipzig, perdeu a fé, abandonou os estudos de teologia e passou a dedicar-se exclusivamente à língua e literatura gregas. Nietzsche era filólogo: suas obras escritas continham parábolas, imagens, paradoxos, enigmas e aforismos.

Certo dia, entrou por acaso numa livraria e comprou um livro de Arthur Schopenhauer intitulado *O mundo como vontade e representação*, em que o autor afirma que o mundo é governado por uma vontade desatinada e aterrorizante. Esse livro impressionou o jovem Nietzsche, cujo sofrimento só aumentou.

Em 1868, foi convidado para lecionar filologia clássica na Universidade de Basileia, na Suíça. Por muitos anos, foi próximo do compositor Richard Wagner, com quem dividia a paixão por grego antigo e pelas obras de Schopenhauer.

Em 1870, durante a guerra franco-prussiana, alistou-se como enfermeiro voluntário. Em 1871, voltou para Basileia, onde retomou suas atividades docentes.

Em 1872, escreveu *O nascimento da tragédia*, no qual expôs sua visão das origens dualistas da arte. Na arte da Grécia antiga, viu a luta constante entre dois princípios, os quais descreveu como apolíneo (racional) e dionisíaco (caótico). A missão do homem moderno é reviver o lado dionisíaco da existência, afirmou.

Aos trinta anos, ficou praticamente cego e começou a ter sérios problemas estomacais. Ao sofrer de paralisia, náusea violenta, cegueira e enxaqueca, Nietzsche tornou-se cínico, lúgubre e desesperado.

Passou o verão de 1876–1877 em Sorrento, na Itália, mas o clima ameno do Mediterrâneo não aliviou seus sofrimentos. Vivia isolado em Gênova; depois nas montanhas suíças, na vila de Sils-Maria.

Em 1878 escreveu *Humano, demasiado humano*. Foi o primeiro livro em que apresentou sua visão niilista da vida e o início de sua batalha contra tudo o que um dia lhe fora caro. No prefácio, que escreveu dez anos depois, indaga:

> Por que renunciar a tudo que respeitei, e, na verdade, ao respeito em si? Por que essa frieza, essa desconfiança, esse ódio às minhas próprias virtudes? [...] Você deveria se tornar o senhor de si e de suas virtudes. Antes, elas eram *suas* mestras: porém possuem apenas o direito de agir como seus instrumentos. Você deveria... aprender a arte de usá-las ou delas se livrar a serviço de seus fins mais elevados.[1]

Aos trinta e cinco anos, tendo saído de licença várias vezes por causa de problemas saúde, foi forçado a se aposentar. Escreveu a seu amigo, o teólogo Franz Overbeck: *Sum in puncto desperationis. Dolor vincit voluntatemque.* [Estou desesperado. A dor tomou conta da minha vida e da minha vontade.][2]

Em 1882 escreveu *A gaia ciência*, que contém o famoso aforismo "Deus está morto".

Em Roma, Nietzsche conheceu Louisa Gustav von Salomé. "Lou" era escritora, filósofa e psicanalista.

---

1 F. Nietzsche, *Humano, demasiado humano* (1878), prefácio, p. 6.
2 F. Nietzsche, Carta a F. Overbeck, 18 de setembro de 1881.

Nasceu em 1861, em São Petersburgo, na família de Gustav von Salomé, um báltico de origem alemã e general do exército russo. Era uma jovem "emancipada". Muitas personalidades notáveis se apaixonaram por ela: foi a "Grande Revolução Russa" de Nietzsche. Idolatrada pelo poeta austríaco Rainer Maria Rilke, Louisa foi sua amante por três anos, quando ele tinha apenas 21 anos e ela 35. Freud a admirava.

Nietzsche queria se casar com Lou. Ela o rejeitou; eles seguiram rumos diferentes. Lou, por sua vez, se casou com Friedrich Andreas, um professor de línguas orientais. Era um comprimisso incomum: Lou e Friedrich não se relacionavam, porém Lou tinha muitos amantes e Friedrich engravidou a camareira.

Desesperado por conta da rejeição, Nietzsche concebeu a primeira parte de *Assim falou Zaratustra* (1883) em apenas dez dias, na qual estabeleceu sua doutrina do super-homem. Lou parece ser o modelo de seu Zaratustra. Ela é de fato a personificação do credo nietzscheano: "Torne-se o que você é!", que na verdade significava "Torne-se o que você quiser!"

Depois de *Zaratustra*, Nietzsche escreveu *Além do bem e do mal* (1886), *O Anticristo* (1888), e *Ecce Homo* (1888).

Em 1885, sua irmã Elisabeth se casou com Bernhard Förster, um antissemita que cometeu suicídio quatro anos mais tarde. Nietzsche, que se declarou "um anti--antissemita", rompeu com a irmã tal como fizera com o círculo judeofóbico de Richard Wagner alguns anos antes. Para Nietzsche, o antissemitismo era a marca de uma pessoa baixa, covarde, invejosa e de mentalidade populista.

A doença de Nietzsche só piorou. Em 1887, escreveu a Overbeck: "Dez anos de doença... esses últimos dez anos me deram vasta oportunidade de entender o que significa ser sozinho".[3]

Em 1888, enlouqueceu. Overbeck o internou em um hospital psiquiátrico em Basileia, onde permaneceu até março de 1980, quando sua mãe o levou para a casa dela, em Naumburg. Após a morte da mãe, em 1897, Friedrich ficou incapaz de se mexer e de falar. A irmã cuidou dele, que permaneceu em tal condição até vir a óbito, em 1900.

Está sepultado no velho cemitério de igreja em Röcken, Alemanha.

A personalidade de Nietzsche

Sofrimento, solidão, desespero: eis a chave para entender Nietzsche:

> Houve dias que passou inteiramente acamado. Vítima das cólicas estomacais, da náusea, por conta da dor estava reduzido à

---

3 Nietzsche, Carta para F. Overbeck, 12 de novembro de 1887.

semiconsciência, suas têmporas pulsavam intensamente, os olhos cegos pelo sofrimento. Ninguém se aproximou para colocar uma faixa de pano refrescante em sua testa, nem para ler-lhe algo, nem para conversar ou rir.[4]

Nietzsche escreveu para sua irmã: "Não tenho Deus, tampouco amigos... Se ao menos tivesse um pequeno círculo de amigos dispostos a me ouvir e me entender, estaria em perfeita saúde".[5] Em seu *Zaratustra*, reclama: "Todos eles falam de mim quando se sentam ao redor do fogo à noite — falam de mim, mas ninguém pensa em mim!".[6]

Em vez de santificar a dor por meio da fé cristã (que ele perdeu) ou tentar se libertar dela através do nirvana, como Schopenhauer, Nietzsche escondeu seu sofrimento sob a máscara da crueldade. Em seus escritos, a identificação da dor com a vida é sua maneira de esconder sua própria vulnerabilidade. Nietzsche é o símbolo do homem sofredor que esconde o desespero. Sua crueldade é uma máscara. "Todo espírito profundo necessita de uma máscara",[7] diz Nietzsche. "Eu sou uma coisa; minhas criações são outra".[8]

---

4 S. Zweig, *Friedrich Nietzsche* (1925), citado em "Nietzsche's Seventh Solitude", de Stefan Zweig, Antologia, 23 de maio de 2021.
5 F. Nietzsche, Carta para E. Förster-Nietzsche, 8 de julho de 1886.
6 F. Nietzsche, *Assim falou Zaratustra* (1883), parte 3, capítulo 49, "Da virtude que apequena", p. 2.
7 F. Nietzsche, *Além do bem e do mal* (1886), parte 2, aforismo 40.
8 F. Nietzsche, *Ecce Homo* (1908), "Por que escrevo livros tão bons", p. 1.

"Estremeço ao pensar em todos os injustos e inadequados que, um dia, reivindicarão minha autoridade."[9] Nietzsche fará tudo para garantir que essa "injustiça" e essa "inadequação" ocorram.

A vida como caos

Em 1872, aos 28 anos, Nietzsche escreveu *O nascimento da tragédia no espírito da música*, no qual apresentou dois princípios que acreditavam serem a base da cultura: o princípio dionisíaco e o princípio apolíneo.

Na mitologia grega, Dionísio é o deus do vinho e das forças fecundas da natureza; Apolo é o deus da luz. Para Nietzsche, o espírito dionisíaco personifica o desejo pela vida: é uma paixão anárquica, incontrolável e inebriante que emana das profundezas da natureza. O princípio apolíneo é seu oposto: representa a forma, a ordem, a harmonia, os limites, e a contenção.

O apolíneo se opõe ao elemento dionisíaco assim como o *artificial* se opõe ao *natural*, reprimindo tudo que é excessivo e desproporcional. Contudo, ambos os princípios são inseparáveis. Um luta contra o outro no coração do artista, mas coexistem em sua obra.

Na orgia dionisíaca não há indivíduos, há apenas uma massa amorfa de corpos embriagados. O princípio apolíneo, ao contrário, é um princípio de individualização.

---

[9] F. Nietzsche, Carta para Malwida von Meysenburg, junho de 1884.

Nas grandes tragédias do dramaturgo Ésquilo (525–456 a.C.) (*Prometeu*, *Agamêmnon*), esses dois princípios se combinam harmonicamente. Este é o mundo da arte ideal, onde a vontade caótica dionisíaca é explicitada por meio da imagética apolínea. Aos olhos de Nietzsche, este é o período mais bonito da história da arte.

Nietzsche determina que o processo de degradação da tragédia se inicia com Sófocles (495–406). Sófocles pensa, e pensa demais!

Com Eurípides (480–406) (*Medeia*, *As troianas*, *Ifigênia*), testemunhamos a morte da tragédia. Eurípides é o homem da razão. Tudo é claro para ele: a motivação de suas personagens é transparente. Para Nietzsche, razão é sinônimo de mediocridade.

Nietzsche rompe com a tradição da estética alemã, que considera a Grécia antiga otimista, luminosa, racional. É o primeiro a falar de uma outra Grécia: a Grécia trágica, caótica, voluntarista.

Para o autor, a Grécia clássica que conhecemos e amamos — aquela de Sócrates, Platão e Aristóteles — não é a Grécia verdadeira. É uma Grécia decadente. A Grécia real, ele assegura, é a pré-clássica, a Grécia pré-socrática, a Grécia da tragédia ática, da competição e da guerra. A *Ilíada* é uma obra aristocrática! Aristocracia e competição, para Nietzsche, são a mesma coisa.

No mundo de Nietzsche, Sócrates não ama a vida; é um criminoso que alega "corrigir" a vida através da "ditadura da razão"! Assim que Sócrates entra em cena, assim que a racionalidade é imposta, o instinto desaparece! Sócrates expulsou Dionísio da cultura e fez de Apolo o símbolo de uma racionalidade sem valor e insuportável — eis a causa da crise da filosofia e da cultura.

Dionísio se torna a regra universal de Nietzsche, a medida perfeita, o único critério de julgamento. Ele nunca abandonará esse princípio.

Nietzsche renuncia ao *logos*, à Razão, à Sabedoria. O que importa, para ele, é o Instinto, a Vontade, o Poder. Ele identifica a Vida com o Poder Caótico. "No princípio era o Verbo", escreve o apóstolo João. "No princípio era a Vontade", nos diz Nietzsche, seguindo Schopenhauer. Uma Vontade irracional e incontrolável.

Ele postula que depois de Platão — e isso é assustador! — a vida ganha sentido, um objetivo transcendente. O cristianismo confirma e reforça a racionalidade. Nietzsche renuncia a toda metafísica, tanto a de Platão quanto a do cristianismo, "pois o cristianismo é platonismo para o 'povo'."[10] Para Nietzsche, a razão, o sentido, o propósito, o ideal, e a moralidade são a própria negação da vida.

Nietzsche é niilista e voluntarista. Ao recusar submeter-se à razão, a vontade irrevogavelmente se torna o instrumento dos instintos mais vis; ela justifica toda ideologia política: do fascismo ao socialismo.

---

10 Nietzsche, *Além do bem e do mal*, prefácio.

Nietzsche sente-se contente porque, em sua época, o elemento dionisíaco finalmente está reaparecendo após muitos séculos de opressão. Ele vê em Wagner um grande artista, em quem a pessoa da grande tragédia ática está renascendo. Nietzsche elogia a ópera *Tristão e Isolda* e deposita grandes esperanças no compositor alemão. Em *O nascimento da tragédia*, elogia Wagner, que, por sua vez, admira a obra de Nietzsche.

Porém, em 1978, Nietzsche concluiu seu livro *Humano, demasiado humano*, justo quando Wagner estava terminando o libreto de *Parsifal*. Sem se consultarem previamente, enviaram um para o outro suas obras novas. A criação de Wagner é sobre salvação: todos os seus heróis salvam-se uns aos outros. Que horror para Nietzsche! Na tragédia, ninguém salva ninguém. Os heróis sofrem e dizem um retumbante "Sim!" para o próprio sofrimento. A partir desse momento, Nietzsche rompeu com Wagner. Ele começou a se considerar o único representante do renascimento dionisíaco.

Schopenhauer queria se libertar da vida, que se resumia a apenas dor e sofrimento, ao negar a própria vontade de viver e desejar um tipo de nirvana. Nietzsche alegremente aceitou a dor e o sofrimento porque, para ele, isso era a própria vida. Schopenhauer era pessimista; Nietzsche, tragicamente pessimista. Schopenhauer escapou da vida escolhendo o ascetismo, voltando-se para a filosofia oriental, reprimindo a vontade. Nietzsche buscou na dor em si a energia para rir e dançar.

A ética oriental de Schopenhauer não estava alinhada com a metafísica de Nietzsche da Vontade de Potência. Para Nietzsche, a vontade tinha precedência não apenas metafisicamente ("No princípio era a Vontade"), mas também eticamente ("Deve-se viver segundo a Vontade, não contra ela").

Conforme dissemos antes, a identificação da dor com a vida era a maneira de Nietzsche esconder sua vulnerabilidade, seu sofrimento, seu desespero.

A morte de Deus

A morte de Deus é o conceito central da filosofia de Nietzsche. "Deus está morto!" Eis a frase mais famosa do filósofo alemão. Ela aparece primeiramente em *A gaia ciência* (1882). O autor conta uma parábola em que um louco acende uma lanterna em plena luz do dia e anda vagando pela praça do mercado gritando: "Estou procurando Deus! Estou procurando Deus!" A multidão ri, mas o louco encara a todos e diz: "Para onde foi Deus? Nós o matamos, você e eu! Todos somos seus assassinos!".[11]

Nietzsche não está tentando provar que Deus é fruto da imaginação humana. "Deus está morto" é um

---

11   F. Nietzsche, *A gaia ciência*, aforismo 125 ("O louco").

diagnóstico. A civilização europeia matou Deus. Durante sua loucura, por volta de 1890, escreveu: "Mãe, não matei Jesus, isso já estava feito".[12]

Para Nietzsche, "Deus está morto" é um conhecimento alegre, pois é informação, uma ciência que permite ao homem tornar-se deus.

No romance *Os demônios*, de Fiódor Dostoiévski, publicado em 1871 — dez anos antes de *A gaia ciência* — Alexei Nilyich Kirilov já proclamara "Se Deus não existe, então eu sou Deus". Para Dostoiévski, a "morte de Deus" é um fato dramático; para Nietzsche, é todo um programa de vida.

Nietzsche observou atentamente os grandes homens de sua época e ficou impressionado com sua calma. "Eles não entenderam que ao rejeitarem Deus deveriam, ao mesmo tempo, rejeitar tudo que surge da ideia de Deus?", pensou. Acreditava que tudo que fora criado tendo por base o cristianismo deveria ser destruído; todos os valores europeus, tudo, que de alguma forma se conectava à ideia de Deus, deveria ser reconsiderado.

A morte de Deus significa que uma "releitura" do homem e do mundo (a criação de Deus) se torna cabalmente necessária.

---

12 Citado em "Mort parce que bete", *Libération*, Robert Maggiori, em 23 de julho de 1998.

O super-homem

Se o modelo ideal do homem cessar de existir, se a sua natureza eterna e imutável desaparecer, então o homem está sujeito à evolução; ele se torna "o que deve ser superado".[13] Para Nietzsche, a morte de Deus significava a morte do homem. E ele se regozijava nisso.

O super-homem é um conceito nietzscheano que aparece pela primeira vez em *Assim falou Zaratustra* (1883). Nietzsche anuncia o nascimento de uma nova raça que emergirá do homem, mas que o superará infinitamente: a raça do super-homem. O super-homem deve superar o homem assim como o homem superou o macaco.

O homem é uma ponte, uma transição. Só se pode amar no homem o que é transitório. O sentido do homem *é* o super-homem.

A característica fundamental do super-homem é a vontade de poder. Ele domina a "plebe" e governa o mundo. Segundo Nietzsche, a "grande personalidade", "a personalidade nobre", o "aristocrata" é um ser dominador sem moral, sem virtude, sem compaixão.

Nietzsche não é um nacionalista; ele quer criar uma raça internacional de senhores que governem a Terra. Ele não venera o Estado: venera o "herói". O infortúnio de uma nação inteira, diz ele, é menos importante do que o sofrimento de uma grande personalidade.

---

13 Nietzsche, *Assim falou Zaratustra*, 1, O prólogo de Zaratustra, 3.

Embora Nietzsche mencione repetidas vezes o romance *Crime e castigo*, de Dostoiévski, Raskolnikov e o super-homem têm naturezas muito distintas, quase conflitantes entre si. Raskolnikov é impotente. Ele é um estudante sem um centavo no bolso, atormentado pela indecisão e pelas dúvidas. Almeja o poder, mas esse desejo vem de um sentido profundo de inferioridade. Raskolnikov comete o crime para provar para si mesmo que é digno de alguma coisa. O super-homem de Nietzsche não é Raskolnikov de *Crime e castigo* (1886), mas sim Piotr Verkhovensky de *Os demônios* (1872). Dostoiévski trabalhava nesse romance enquanto Nietzsche começava a redigir suas obras. Dostoiévski não conheceu Nietzsche, mas o prefigurou.

Nietzsche tentou combinar a ideia de super-homem com a ideia de "eterno retorno", que intuíra em 1881, antes de formular a doutrina. O "eterno retorno" é uma visão segundo a qual tudo o que acontece no mundo se repete indefinidamente. Todos devem estar preparados para viver a mesma vida uma infinidade de vezes. Com o surgimento do super-homem, o eterno retorno assume um sentido mais preciso: somente quem criou os pré-requisitos para seu retorno — o super-homem — retorna. De acordo com Nietzsche, eis o sentido da existência: ser um super-homem que retorna eternamente.

O último homem

Nietzsche regozijava-se com a morte de Deus, mas deplorava a existência do eterno burguês que continuava a aderir aos valores nascidos do cristianismo. Segundo Nietzsche, o homem moderno, cansado de viver, prefere o conforto e a segurança; o "último homem" é o objetivo que a civilização europeia parece ter estabelecido para si.

O último homem de Nietzsche é a antítese do super-homem. É um pacifista e conformista. Entre os últimos homens não há mais distinção de líderes e subordinados, fortes e fracos, excepcionais e medíocres. Não há mais conflitos sociais. Todos vivem a mesma vidinha, em uma harmonia superficial e patética. Em seu mundo, a individualidade, a originalidade, e a criatividade são severamente reprimidas.

O último homem continua a carregar o fardo dos valores antigos. Ele percebe que seu comportamento é sem sentido porque Deus está morto. Assim, tenta esquecer-se de si mesmo no ativismo vão, em busca de lucros e aventuras.

No mundo de Nietzsche, devemos nos libertar de uma vez por todas dos valores tradicionais, dos vestígios da civilização cristã. Torne-se o que quiser! Seja seu próprio criador! As consequências da morte de Deus devem se manifestar em toda a sua amplitude.

Crítica do cristianismo

Nietzsche anunciou que o cristianismo deve ser condenado por sua negação da "nobre bestialidade, dos instintos de guerra e conquista, da deificação das paixões, da vingança, da raiva, da sensualidade".[14] Todas essas coisas que o cristianismo declara serem más.

O cristianismo busca pacificar o coração humano, postula Nietzsche. Essa pacificação é dramática: a fera selvagem, quando domada, perde sua grandiosidade.

Segundo Nietzsche, a história do mundo é o eterno confronto entre forças "ativas" e forças "reativas", aquelas que só sabem como reagir a impulsos externos. Esses dois tipos de força correspondem a dois tipos de moral: a moral dos "senhores" e a moral dos "escravos". A moral dos senhores é uma afirmação da vida; a moral dos escravos é produto de inveja e ódio contra os senhores, fruto de um sentimento de impotência, humilhação e medo.

A moral dos escravos é a moral do "ressentimento". O ressentimento é um ódio oculto que os fracos nutrem pelos fortes. A história do cristianismo é a história do escravo invejoso e ressentido. A autodefesa é a moral do escravo: finjo amar meu próximo porque temo que ele me faça mal. Se eu fosse mais forte e mais corajoso, demonstraria abertamente o meu desprezo. Nietzsche

---

14 B. Russell, *História da filosofia ocidental* (1946), capítulo 25.

acreditava que o cristianismo inventara a piedade e a compaixão para manter os fortes sob controle.

Vulnerável, desesperado, odioso: Nietzsche não conseguia acreditar no amor. O homem "nobre", que ele se convencera de ser, era, na verdade, privado de compaixão: um ser cruel, malicioso e iníquo, que se preocupa apenas com sua própria força.

VIVER, SEGUNDO NIETZSCHE

Nietzsche criou a política voluntarista, o super-homem.

O super-homem quer estar acima de todos, dominar a "plebe" e governar o mundo. Seu objetivo é ter poder. Para atingir esse objetivo, está disposto a fazer qualquer coisa.

O super-homem é niilista. Despreza a verdade, a bondade, a beleza, o amor, a misericórdia. Despreza a razão, o coração, a consciência, a virtude.

O super-homem só acredita na própria vontade. Não acredita em ideologia (liberalismo, comunismo, fascismo, ideologia de gênero), mas não a despreza, pois pode ser útil para justificar seu poder e seus crimes.

O super-homem lê as obras de Nietzsche; o último homem lê Rousseau. O super-homem aprende a manipular as massas; o último homem aprende a ser a massa. O super-homem cospe na razão em nome da Vontade;

o último homem cospe na razão em nome do Coração. O super-homem é um voluntarista; o último homem é um sentimentalista. Um é o senhor orgulhoso, o outro é o escravo feliz...

A mídia prega o culto ao super-homem que gerencia "profissionalmente" bilhões de meros mortais; ao mesmo tempo, promove o culto ao último homem, o consumidor feliz que é incapaz de criar o que quer que seja. A cultura moderna orgulha-se de ambos.

PARTE 2
Os construtores

As razões do coração de Blaise Pascal
(1623–1662)

Blaise Pascal nasceu em Clermont-Ferrand, França, em 19 de junho de 1623, filho de Étienne Pascal, presidente da corte de apelação responsável por disputas fiscais, e Antoinette Begon, filha de um oficial real da província de Auvergne. Parte da nobreza local, a família Pascal ocupava, havia gerações, altas posições no sistema judiciário dali.

Étienne e Antoinette tiveram três filhos: Gilberte, Blaise e Jacqueline. Ao longo da vida, Blaise sofreu de várias doenças e estava sempre com a saúde debilitada.

Antoinette morreu quando Blaise tinha três anos de idade. Étienne se viu sozinho com três crianças pequenas. Sua dor foi imensa. Ele preferiu não se casar novamente, devotando-se inteiramente à educação dos filhos. Étienne não era particularmente piedoso, mas sua fé era sincera. Em 1631, a família se mudou para Paris.

Blaise era uma criança talentosa. Étienne decidiu educar o menino em casa e foi seu único professor.

Cuidadosamente, elaborou um currículo de aprendizado: não ensinaria latim e grego até que Blaise tivesse doze anos, tampouco matemática antes dos quinze. Ao familiarizar o filho com a linguística, Étienne e Blaise conversavam regularmente a respeito das ciências naturais. O garoto gostava dessas conversas e era curioso e perspicaz. Aos doze anos, pediu ao pai que lhe ensinasse matemática. Étienne, temendo que a matemática interferisse no estudo de latim e grego, prometeu voltar àquela disciplina posteriormente. Certo dia, Étienne flagrou Blaise desenhando algumas figuras geométricas no chão. Ficou impressionado: seu filho estava provando a trigésima segunda proposição de Euclides, que trata da soma dos ângulos de um triângulo. Étienne abandonou seu plano inicial de formação e permitiu que Blaise lesse livros de matemática.

Quando Pascal — aos dezesseis anos — escreveu seu *Tratado das seções cônicas*, Descartes foi avisado do milagre. Descartes, vinte e sete anos mais velho que Pascal, tentou ocultar seu assombro — e ressentimento.

Em 1638, o governo liderado pelo Cardeal Richelieu, cujos cofres foram arrasados por guerras e peculatos, decidiu reduzir o retorno do capital investido na construção da Câmara Municipal de Paris. Entre os investidores estava Étienne Pascal, que colocou quase toda sua fortuna ao projeto. Os investidores ficaram indignados e organizaram reuniões nas quais o governo foi abertamente atacado. Richelieu, que não tolerava a mais mínima rebelião, mandou encarcerar Étienne e três outros rentistas na Bastilha. Étienne, avisado a tempo por um amigo, fugiu para Auvergne. Seus amigos apelaram a Luís XIII, mas o rei, tímido e hesitante, não ousou interferir nos assuntos de seu ministro-chefe.

De repente, o caso tomou um novo rumo. O Cardeal Richelieu ordenou que um grupo de crianças representasse para ele a tragicomédia *Amor tirânico*, de Georges de Scudéry. O empreendimento foi confiado à Duquesa de Aiguillon, que conhecia bem a família Pascal e há muito percebera as habilidades cênicas de Jacqueline, na época com apenas treze anos de idade.

Na ausência do pai, Gilberte, que só tinha dezoito anos, assumiu o papel de chefe de família. Quando a Duquesa lhe pediu permissão para que a irmã mais nova participasse da peça, Gilberte respondeu imediatamente: "O *Monsieur* Cardeal não nos dá alegrias para que nos encarreguemos dele!".[1] A Duquesa não se deu por vencida com esse argumento: "Essa oportunidade certamente resultaria no regresso de seu pai!".

Gilberte disse que pensaria um pouco no assunto e prometeu dar uma resposta após consultar os amigos íntimos de Étienne. Eles concordaram que Jacqueline deveria interpretar o papel. E ela assim o fez. O Cardeal a considerou encantadora. Aproximando-se

---

1 *La vie de Monsieur Paschal, escrite par Madame Perier*, Bibliotheque Mazarine, 4546.

do Cardeal, declamou um epílogo em versos que ela mesma compusera:

> Armand, tão raro, se te espantas,
> Se pouco enlevo à tua vista
> E a teus ouvidos se levanta,
> É porque sofro em desencanto
> Minh'alma sofre em sobressalto.
> Oh! Traz meu pai do exílio imposto!
> Oh! Salva a vida inocente!
> Libertarás meu corpo e a mente,
> A voz e o moto tão potente
> Louvar-te-ão eternamente.

O Cardeal, profundamente comovido, levantou a menina, beijou-a, e disse: "Bem, minha criança, diz a teu pai que ele pode voltar sem temer, e que me sinto muito feliz por devolvê-lo a uma família tão gentil".

A Duquesa de Aiguillon, então, elogiou Étienne Pascal: "É um homem erudito e honesto. Uma pena que seu conhecimento e dedicação estejam fadados ao desaparecimento. Seu filho, Blaise, tem apenas dezesseis anos e já é um grande matemático!".

Encorajada pelo sucesso que obtivera, Jacqueline voltou-se novamente ao Cardeal:

— Tenho mais um favor a pedir à Vossa Eminência.

— E o que seria, minha filha?

— Imploro que conceda a meu pai a honra de vos agradecer pessoalmente por vossa bondade.

— Pois permito, e gostaria de recebê-lo junto a toda a família.

Étienne prontamente regressou a Paris e, junto aos filhos, apresentou-se ao Cardeal.

— Ouvi falar de suas virtudes e méritos — disse Richelieu. — Sinto-me feliz por devolvê-lo a uma família que merece toda a sua atenção.[2]

Dois anos depois, Étienne foi nomeado para um cargo importante: agente do rei na província da Normandia. A família se muda para Rouen. Blaise auxilia o pai na distribuição de impostos e taxas. Confrontado com os métodos tradicionais de cálculo e considerando-os impraticáveis, Pascal inventou a primeira máquina de calcular: a Pascalina.

Pascal foi um dos fundadores da análise matemática, da teoria das probabilidades, e da geometria projetiva. Ele se tornou o autor da lei fundamental da hidrostática. Suas obras científicas eram muito superiores às de seus contemporâneos, quer em clareza quer em acessibilidade.

Em 1646, por meio dos médicos que trataram a bacia deslocada de Étienne, a família de Pascal conheceu o jansenismo, um movimento recente baseado nos escritos do bispo holandês Cornelius Jansenius. Foi uma reação à difusão de valores materialistas e burgueses entre os católicos. Havia alguns pontos em comum com o calvinismo: de acordo com os jansenistas, a humanidade inteira está

---

2 *La vie de Monsieur Paschal, escrite par Madame Perier*, Bibliotheque Mazarine, 98.

corrompida pelo pecado original; tudo na Terra é pecaminoso; e não há nada nobre e honesto no mundo, pois este é governado pelo diabo. Ninguém pode ser salvo, senão pela graça. Deus dá a graça aos eleitos. Os eleitos são os cristãos cujas vidas se caracterizam por uma moral rígida, pelo ódio ao corpo e à carne (ao ponto de desprezarem o sacramento do matrimônio), e pela negação da alegria, da arte e da beleza. Pequeno é o número dos eleitos, e eles já estão predestinados.

O jansenismo não aboliu os sacramentos e também não negou o primado de Pedro. Os jansenistas enfatizavam a catolicidade, mas interpretavam radicalmente os ensinamentos de Santo Agostinho a respeito da graça e da predestinação. Cornelius Jansenius não imaginava o alvoroço que seu livro *Augustinus* provocaria; sua obra não teria se tornado a base de um movimento religioso se os jesuítas, procurando defender a doutrina de nossa livre participação na salvação, não tivessem declarado Jansenius herege.

Os médicos de Étienne apresentaram a Blaise outro livro de Jansenius: *Discurso da reforma do homem interior*. Pascal era um fiel, mas até então jamais demonstrara zelo pelas questões da fé. Após ler o *Discurso*, decidiu viver verdadeiramente a fé cristã: rezar; ajudar os pobres, os órfãos, as viúvas. A isto seus biógrafos geralmente chamam de "sua primeira conversão".

Pascal não via sua conversão como algo estritamente pessoal e, assim, tentou converter sua família. Gilberte estava recém-casada, mas a bela e talentosa Jacqueline, cujos poemas receberam elogios de Cornelius, pensava seriamente em renunciar ao mundo graças à influência do irmão.

A saúde de Pascal deteriorou-se consideravelmente. Marguerite Perrier, filha de Gilberte, relata:

> Os humores elevaram-se fortemente no cérebro de meu tio, de modo que ele ficou com um tipo de paralisia da cintura para baixo, reduzido a andar apenas com muletas; seus pés e suas pernas tornaram-se frios como o mármore, e fomos obrigados a calçar-lhe todos os dias chinelos embebidos em conhaque, a fim de aquecer novamente seus pés.[3]

Parece que Pascal sofreu de diversas doenças ao mesmo tempo: câncer cerebral, tuberculose intestinal e reumatismo crônico.

Em uma de suas raras visitas à França, Descartes encontrou-se com Pascal. Ele o aconselhou a beber caldo forte várias vezes ao dia e a permanecer na cama pela manhã até que se sentisse cansado do sedentarismo (um costume que Descartes estimara ao longo da vida).

Enquanto Blaise estava ocupado dedicando-se com afinco ao estudo da física, Jacqueline tornava-se cada vez mais piedosa. Ela sonhava em entrar no convento de Port-Royal, que, no século XVII, era a principal cidadela do jansenismo na França. Seu irmão lhe deu apoio, mas

---

3 M. Perier, *Memoire sur la vie de M. Pascal ecrit par Mademoiselle Marguerite Perier, sa niece.*

Étienne, que era muito apegado à filha, pediu que ela só entrasse no convento quando ele morresse.

Étienne Pascal morreu em 24 de setembro de 1651. Blaise tinha 28 anos, e Jacqueline, 25. Enquanto ela se preparava para iniciar sua vocação em Port-Royal, Blaise implorou que ela não o deixasse. De todo modo, ela partiu. Em março, escreveu uma carta ao irmão, rogando que não se opusesse à sua vocação: "Dirijo-me a ti como àquele de quem depende meu destino, para implorar: não retires de mim o que não podes compensar... Se não tens força para me seguir, ao menos não me impeças; não destruas o que tu construíste".[4]

Blaise foi obrigado a aceitar a situação, esmagado pela dor e pela ansiedade. Ele rezava e ia à igreja com menos frequência; enquanto isso, sua reputação enquanto estudioso só aumentava. As portas dos salões aristocráticos mais famosos abriam-se a ele. A consciência de sua genialidade despertou seu orgulho. Na casa do Duque de Roannez, seu amigo íntimo e futuro parceiro de negócios, Blaise entrou em contato com a nata da sociedade. A rainha Cristina da Suécia, que rapidamente se esquecera do "seu" Descartes, morto dois anos antes, ficou interessada nas obras de Pascal e se correspondeu com ele. Ele enviou para ela um presente: a Pascalina, a máquina de calcular que inventara.

---

4 Michel Le Guern, "Les lettres de Jacqueline Pascal," *Revue d'Histoire litteraire de la France* 103, n. 2 (2003): pp. 267–273.

Em 5 de junho de 1653, enquanto Jacqueline toma o véu monástico, Pascal sofre de vazio interior. Ele concebeu uma aversão crescente à sociedade secular. Também estava consumido pelo remorso: não obedecera ao chamado que oito anos antes ressoou em sua alma; não conseguia superar sua sede por conhecimento, e nem sua vaidade. Ele sabia que precisava se converter de verdade, mas essa convicção era puramente intelectual; seu coração não estava entregue.

Durante a noite de 23 de novembro de 1654, aos 31 anos de idade, Pascal teve uma experiência mística, a qual chamaria de sua "Noite de Fogo":

> Fogo.
> Deus de Abraão, Deus de Isaac, Deus de Jacó, e não dos filósofos e eruditos.
> Certeza. Certeza. Sentimento...
> Deus de Jesus Cristo...
> Grandeza da alma humana...
> Alegria, alegria, alegria, lágrimas de alegria...
> Jesus Cristo...
> Fugi d'Ele, abandonei-o, crucifiquei-o... deixei-o.
> Que eu nunca me separe d'Ele.
> Eis a vida eterna: que conheçam a Ti, o único Deus, e Aquele a quem enviaste: Jesus Cristo...
> E a vida eterna se mantém apenas pelos meios ensinados no Evangelho: renúncia, total e doce...
> Amém.

Após se recuperar, rascunhou essas palavras, em seguida copiou-as em um pedaço de pergaminho, que costurou no forro de sua roupa. Ele nunca se separou dessa relíquia, a que seus biógrafos chamariam de *Memorial*.⁵ O pergaminho foi descoberto na casa de Gilberte após a morte do irmão.

Com uma convicção apaixonada, Pascal rebelou-se contra si mesmo e sua velha ambição de descobrir cientificamente o sentido da vida e a salvação da alma.

Embora tenha legado à posteridade muitos textos com conteúdo religioso, nenhum deles penetra a personalidade do filósofo tão bem como seu *Memorial*. A "Noite de Fogo" foi um ponto de virada em sua vida. Ele não contou sequer para Jacqueline o que acontecera. Pascal rompeu com a sociedade e trocou Paris por Port-Royal.

Os bispos franceses, fortemente influenciados pela Companhia de Jesus, condenaram o jansenismo. A comitiva de Luís XIV queria fechar Port-Royal. A pedido de Antoine Arnauld, líder espiritual do mosteiro, Pascal comprometeu-se a usar sua pena para defender Port-Royal. Com seu olhar estratégico infalível, entendeu que os jansenistas não poderiam vencer a batalha no terreno das sutilezas dogmáticas, as quais o público não entenderia.

Então lutou num terreno diferente: o terreno dos princípios morais. Atacou a casuística dos jesuítas e a "flexibilidade" de sua moral. Publicou *As Provinciais*, um conjunto de cartas cuja primeira data de 23 de

---

5 https://www.ccel.org/ccel/pascal/memorial.i.html.

janeiro de 1656. As cartas foram amplamente impressas e distribuídas por toda a França, encontradas até mesmo no gabinete do Cardeal Mazarin, que em 1652 sucedeu Richelieu como ministro-chefe do rei. Foi uma jogada de grande sucesso. Pascal convenceu a opinião pública da justiça da causa de Port-Royal. Seguiu-se a repressão: alguns editores foram aprisionados e Pascal foi forçado a se esconder temporariamente. Mas o mosteiro permaneceu aberto.

Durante muitos anos, Pascal concebeu a ideia de compor uma *Apologia do cristianismo*. Em 1657, começou a tomar notas e classificá-las por assunto. Deu a si próprio dez anos para escrever o livro.

A doença dificultou sua empreitada, e os médicos proibiram-no de executar qualquer atividade mental. No entanto, continuou a escrever sobre vários assuntos. Após sua morte, seus amigos jansenistas descobriram as anotações. Cerca de mil notas de variados gêneros, escopos, e graus de conclusão sobreviveram. Foram decifradas e publicadas sob o título *Pensamentos sobre religião e outros assuntos*, posteriormente com o nome de *Pensamentos* (*Pensées*). A obra trata primordialmente do relacionamento de Deus com a humanidade, e impressiona sua profundidade e originalidade. Pascal é o único grande matemático dos tempos modernos que também é um grande escritor.

Ao ler os *Pensamentos*, entende-se que Pascal é um jansenista na percepção da Queda e suas consequências dramáticas: ele enfatiza a *corrupção* da natureza humana, enquanto o ensinamento católico tradicional fala da *ferida* causada pelo pecado. Nos *Pensamentos*, contudo, Pascal não se demora em nossa miséria, mas, antes, salienta nossas possibilidades. Ele se preocupa tanto com a grandeza do homem unido a Deus quanto com a miséria do homem sem Deus.

Pascal aceita na íntegra o ensinamento do grande Padre da Igreja Santo Agostinho, enquanto os jansenistas aceitavam apenas certas declarações a respeito da graça e da predestinação. Pascal restaurou na consciência católica a visão de Santo Agostinho sobre o coração, escrita em suas *Confissões*: Deus não é apenas razão e vontade; Ele também é coração. Concupiscência e egoísmo podem, conforme creem calvinistas e jansenistas, provir do coração; mas a liberdade, a moralidade, e a espiritualidade também. O misticismo de Pascal e sua filosofia de vida eram estranhos ao espírito de Port-Royal.

Pascal admirava a piedade, a coragem, e o "radicalismo" dos jansenistas que conhecera em Rouen e em Port-Royal. Admirava a vontade, a luta heroica contra a autoridade civil, a sede por independência e liberdade, mas discordava fortemente deles em relação a seu amor pelo mundo.

Em 1658, sua saúde se deteriorou. Em 1660, aos trinta e sete anos de idade, parecia um velho, incapaz de escrever, de ler ou raciocinar com coerência. Aceitou os sofrimentos como se fossem um presente de Deus.

Luís XIV, profundamente irritado com a recusa dos jansenistas em aceitar qualquer acordo em termos de religião, disse a Mazarin que decidira livrar-se deles. Por insistência do rei, na primavera de 1661, o Conselho de Estado aprovou a decisão da Assembleia do Clero Francês exigindo que todos os padres e monges assinassem uma declaração condenando cinco proposições teológicas atribuídas a Jansenius.

Os jansenistas tiveram dificuldades em chegar a um acordo. O grupo, liderado por Arnauld, tentou elaborar questionamentos que lhes permitissem assinar o termo de consciência limpa: na opinião de Arnauld, as proposições em questão não integravam o livro de Jansenius. Outro grupo, ao qual pertenciam Blaise e Jacqueline, se recusou a assinar. A maioria apoiava a decisão de Arnauld. Jacqueline resistiu o máximo que pôde, mas finalmente assinou. Seu remorso a torturou, a levou à exaustão e, por fim, a matou. Ela morreu dois meses depois, aos 36 anos. Blaise, prostrado de dor, desmoronou.

No outono de 1661, a Assembleia do Clero eliminou qualquer possibilidade de alterar a declaração. Arnauld e os monges seus aliados, ainda buscando uma saída, condenaram a intransigência de Blaise. Isso foi demais para ele, que rompeu com Port-Royal.

Pascal adoeceu e chamou o padre da paróquia, que ouviu sua confissão. O sacerdote o visitava com frequência, e Blaise se confessava sempre que ele aparecia. Recordando-se desses encontros, o padre posteriormente escreveu: "Admirei a paciência, a modéstia, a caridade, e a grande abnegação de *Monsieur* Pascal... Ele era obediente como uma criança".[6]

Pascal sabia que estava à beira da morte, e implorou que lhe trouxessem o sacramento da Eucaristia. Os médicos asseguraram que sua condição não era crítica. Em 17 de agosto, à meia-noite, teve convulsões violentas. Quando cessaram, todos pensaram que ele estava morto. Gilberte sofreu porque seu irmão não pudera receber a Sagrada Comunhão que tanto desejava. Mas Blaise recobrou a consciência assim que o padre apareceu na soleira. Ele se aproximou do moribundo, estendeu-lhe a Comunhão, e disse: "Aqui está Aquele por quem tu tanto ansiavas". Pascal recebeu a Comunhão e proferiu suas últimas palavras: "Que Deus não me abandone jamais!".[7] As convulsões recomeçaram e ele perdeu a consciência. Em 19 de agosto de 1662, Blaise Pascal entregou sua alma a Deus.

Sua vida foi tão intensa que Jean Racine, o ilustre dramaturgo, observou, com um pouco de humor, que "*Monsieur* Pascal morreu de velhice aos 39 anos!".[8]

---

6 *La vie de Monsieur Paschal, escrite par Madame Perier*, Bibliotheque Mazarine, 115.

7 *La vie de Monsieur Paschal, escrite par Madame Perier*, Bibliotheque Mazarine, 116.

8 8. Armand Jardillier, *Les "carrosses a cinq solz" de Monsieur Blaise Pascal* (Paris, 1962), https://excerpts.numilog.com/books/9782307295662.pdf.

"Houve um gênio", escreveu François-René de Chateaubriand,

> que, aos doze anos de idade, com barras e argolas, criou a matemática; que, aos dezesseis, compôs o mais hábil tratado de seções cônicas que surgira desde os tempos antigos; que, aos dezenove, criou uma máquina [a Pascalina] que conseguia fazer o que anteriormente só a mente fazia; que, aos vinte e três, demonstrou o fenômeno da gravidade do ar, derrubando, assim, um dos maiores erros da física antiga; que, numa idade em que as faculdades intelectuais mal começaram a se expandir nos outros, tendo percorrido todo o ciclo das ciências humanas, descobriu que eram futilidades, e voltou todos os seus pensamentos para a religião; que, desse momento até sua morte (aos 39 anos), em meio a incessantes enfermidades corporais, estabeleceu a língua falada por Bossuet e Racine... Finalmente, que em seus breves intervalos de alívio, resolveu, sem ajuda, um dos mais profundo problemas geométricos, e que casualmente passou ao papel pensamentos não menos dignos de Deus do que do homem. O nome desse gênio estupendo era Blaise Pascal.[9]

Pacal era um "filósofo fora da filosofia". Ele se considerava um homem das ciências e não tomava para si o nome de filósofo, mas poucos homens das ciências deram uma contribuição maior à filosofia.

A personalidade de Pascal

Rousseau elogiava a natureza humana pura, inocente, mesmo vivendo na imundície. Pascal, pelo contrário, sentia em seu coração a consequência dramática da

---
9   F.-R. de Chateaubriand, *O gênio do cristianismo* (1802), cap. 6.

Queda da humanidade, mas levava uma vida nobre, exigente e santa.

A característica mais marcante na personalidade de Pascal era o equilíbrio atingido o coração, a razão, e a vontade.

Pascal era um homem do coração, mas seu coração não absorvia sua razão ou nem reprimia sua vontade. Ele não era um sentimentalista; possuía em abundância as virtudes do intelecto e da vontade. Era um poeta, que também era um erudito e asceta. Seu coração não era um trapo levado pelo vento, como o de Rousseau, mas um sábio ousado, persistente, temperante e justo.

Por sua vida, Pascal nos ensina a cultivar sentimentos nobres, renunciando ao sentimentalismo tanto quanto à insensibilidade racionalista e voluntarista.

A força da filosofia de Pascal está em seu espírito e em sua personalidade. Pascal é tanto fogo quanto graça. Sua filosofia não é uma doutrina, mas uma vida. Ela tende a inflamar o coração e a vontade de uma pessoa, mais ainda do que iluminar as mentes.

Voltaire entendia Pascal tão bem que o temia. Ele escreveu: "Há muito tempo desejava lutar contra esse gigante".[10] Ele lutou, mas em vão: a superioridade moral de Pascal é óbvia demais. Seu coração e sua vontade são mais fortes, e sua inteligência é mais pura e mais convincente. Voltaire, de má-fé, distorce

---

10   Voltaire, Carta para Formont (1733).

o sentido dos *Pensamentos* ao retirá-los de contexto, eliminando tudo que pudesse contradizer seus argumentos, retendo apenas os aspectos mais pessimistas. Ele finge ignorar a crença de Pascal de que a miséria do homem *sem* Deus abre caminho para a grandeza do homem *com* Deus.

As razões do coração

Para Pascal, o coração é a base da razão e da vontade. O coração não apenas *sente*, mas também *sabe* e *quer*. Esse entendimento do coração provém da Bíblia, no qual o coração é o centro da tríade corpo-alma-espírito. O coração é uma força física, psíquica e espiritual.

Nem Platão nem Aristóteles tinham considerado o coração como uma faculdade espiritual distinta do intelecto e da vontade. Para Aristóteles, o coração estava limitado às esferas fisiológicas e físicas, ao mundo irracional que o homem compartilha com os animais. Os gregos antigos inspiraram a noção de que os atributos espirituais do coração são transferidos para o intelecto e para a vontade.

Segundo Santo Agostinho em suas *Confissões*, o coração é uma faculdade tanto física quanto espiritual, ainda que ocupe o segundo plano em relação à razão e à vontade. Mas, do século XII em diante, foi Aristóteles e sua visão minimalista do coração que deram o tom na

Europa. Só com Pascal, no século XVII, que a "questão do coração" voltou à pauta.

O coração é o fundamento da razão. Ele capta imediata e intuitivamente a existência de coisas que não podem ser provadas pela lógica. Desse modo, o coração estabelece o ponto de partida para o raciocínio e o conhecimento. Ele nos permite compreender os princípios primeiros, tais como espaço, tempo, movimento, número. Nosso conhecimento deles é ainda mais sólido do que o conhecimento obtido por meio do raciocínio. Conforme Pascal diz em seus *Pensamentos*,

> Os princípios são intuídos, as proposições são inferidas, todas elas com certeza, embora de maneiras diferentes. E é tanto inútil quanto absurdo para a razão exigir do coração provas de seus princípios primeiros, antes de consenti-los, como seria para o coração exigir da razão uma compreensão intuitiva de todas as proposições demonstradas antes de aceitá-las.[11]

Para Pascal, as certezas do coração muitas vezes são mais firmes do que as certezas matemáticas, tão adoradas por Descartes.

O coração não é apenas o fundamento da razão, mas também da vontade; ele dá à nossa vida, imediata e intuitivamente, um *propósito*, que, por sua vez, dá direção à vontade (a escolha fundamental, geralmente inconsciente, entre o Criador e as criaturas, entre Deus e o eu).

---

11 Pascal, *Pensamentos* (1670), seção 4, "Dos meios de crer", n. 284.

Para Pascal, as Sagradas Escrituras são "a ciência do coração". Como tais, o judaico-cristianismo são a religião do coração. No centro de nosso relacionamento com Deus está o coração. Deus age primeiramente em nosso coração, depois em nosso intelecto e em nossa vontade. O coração é o lugar de comunhão entre Deus e o homem. Ele se funde com nossa mente e vontade, de modo que podemos conhecer a Deus, ao homem e ao mundo no amor e na verdade.

O homem é um caniço pensante

Pascal estudou o homem com tanta paixão e diligência quanto o estudo que dedicou à geometria. François Mauriac dizia que Pascal é "o único humanista digno desse belo nome; o único que nada nega ao homem; ele atravessa o homem todo para chegar a Deus".[12]

Para ele, não se pode falar da grandeza do homem sem falar também de seu nada; e não se pode falar do nada do homem sem também falar de sua grandeza. O humanismo de Pascal é amplo, extremo, e dramático, enquanto o humanismo do Iluminismo é estreito e ingênuo.

Não é a razão, mas Deus quem revela o homem ao homem. Sem Deus, não podemos apreciar nossa grandeza e nem a nossa insignificância.

---

12 F. Mauriac, *Blaise Pascal et sa soeur Jacqueline*, Paris: Hachette, 1931.

Em que vos tornareis, ó homens!, que tentais descobrir por meio da razão natural vossa verdadeira condição?... Saiba então, homem orgulhoso, que paradoxo és para ti mesmo. Humilha-te, razão fraca; cala-te, natureza tola; aprende que o homem infinitamente transcende o homem, e aprende com teu Mestre a tua verdadeira condição, que ignoras.[13]

Pascal deduziu que o homem é um ser espiritual e um filho de Deus (daí sua grandeza), mas ele também é uma criatura pecaminosa (daí sua fraqueza). Adão e Eva pecaram. Isso corrompeu a natureza humana. A pessoa que não tem consciência de sua natureza pecaminosa (ou escolhe ignorá-la) vive nas trevas: "É espantoso que o mistério mais distante do nosso conhecimento seja o da transmissão do pecado, sem o qual nada podemos saber de nós mesmos".[14]

Segundo Pascal, há apenas dois períodos na história: antes da Queda e depois da Queda. Desde a Queda, a natureza humana não mudou. O homem, escreve Pascal, está cheio de falhas, e isso é um mal evidente; mas é um mal ainda maior para ele ignorar suas falhas e viver deliberadamente na ilusão da perfeição. Pascal ataca a ideologia em gestação do *progresso*, a qual Rousseau, com sua negação do pecado original, se tornaria um dos iniciadores. Pascal pode ser entendido não apenas como uma resposta ao racionalismo de Descartes, mas também ao otimismo ingênuo do Iluminismo que logo

---

13 Pascal, *Pensamentos*, n. 434.
14 Pascal, *Pensamentos*, n. 434.

surgiria após a morte de Pascal. A Europa viveria por quase dois séculos na ilusão da bondade absoluta da humanidade e na ilusão do progresso moral derivada do conhecimento científico.

Pascal fala a respeito de Epicteto, o estoico, e de Montaigne, o cético. O primeiro, consciente da grandeza do homem, mas inconsciente de sua fraqueza, é presunçoso no sentido de acreditar poder realizar a vontade de Deus com as próprias forças; o segundo, consciente da fraqueza do homem, mas inconsciente de sua grandeza, é *pusilânime*. Ele propõe uma vida de prazer, vantagem e descanso. Conhecer a Deus sem conhecer nada da nossa nulidade leva ao *orgulho*; conhecer nossa nulidade mas não conhecer nada de Deus leva ao *desespero*.

Em seus *Pensamentos*, ele situa o homem entre "o zero e o infinito":

> O homem é um caniço, a coisa mais fraca da natureza, mas um caniço pensante. Não é preciso que o universo inteiro se arme para esmagá-lo; vapor, uma gota d'água é suficiente para matá-lo. Mas se o universo o esmagasse, o homem seria ainda mais nobre do que aquilo que o mata, pois sabe que está morrendo e sabe da vantagem que o universo tem sobre ele, coisa que o universo desconhece. Toda nossa dignidade consiste, então, no pensamento. É a partir dele que devemos nos elevar, e não do espaço e da duração que não podemos preencher. Esforcemo-nos, então, por pensar bem: eis o princípio da moralidade.[15]

---

15 Pascal, *Pensamentos*, n. 347.

Não é no espaço que devemos buscar nossa dignidade, e nem na posse de bens materiais, mas no pensamento certo: "Através do espaço, o universo me envolve e me engole feito um átomo; através do pensamento, eu compreendo o mundo".[16]

O pensamento é uma noção que parece aproximar Pascal de Descartes; mas não é bem assim. Na visão de Pascal, o homem não é apenas "pensamento", como Descartes o concebera: ele é "pensamento" guiado pelo coração e pela vontade. A dignidade do homem não está no pensamento "puro", mas na orientação moral desse pensamento.

O homem, diz Pascal, em vez de pensar bem, busca esquecer-se no entretenimento, a fim de desviar seus pensamentos das questões existenciais. Ele mata o tempo, até que o tempo, por sua vez, o mate.

"Pascal nunca nos foi tão necessário quanto hoje em dia", diz Albert Béguin. "Ele foi, talvez, o primeiro a saber o que Berdyaev afirmou que Dostoiévski sabia tão bem: a questão de Deus é uma *questão do homem*".[17] Dois séculos antes de Dostoiévski, Pascal nos falou de Deus *para salvar o homem*.

---

16 Pascal, *Pensamentos*, n. 348.
17 A. Beguin, ed., *Pascal par lui-meme: images et textes presentes*, Paris: Editions de Seuil, 1958.

Deus de Abraão...

O credo religioso de Pascal é o seu *Memorial*: "Deus de Abraão, Deus de Isaac, Deus de Jacó, e não dos filósofos e eruditos". Pascal tem sede do Deus vivo, do Deus de amor.

Para Pascal, Deus não é um conceito, uma abstração autônoma, um pensamento de autocontemplação. Deus é um relacionamento. Deus é amor. Apenas Cristo pode levar ao amor. Só Ele pode dar sentido às nossas vidas.

Para ele, a prova da existência de Deus está no coração. Conhece-se a Deus através da experiência interior. As provas metafísicas da existência de Deus não são convincentes.

"Pascal, o crente", escreve Jean Steinmann,

> é infinitamente mais próximo dos descrentes de hoje do que Voltaire, o cético [...]. O mundo atual está cheio de ansiedade. O homem se sente preso num drama monstruoso. Ele está perdido. Ele está sozinho. Ele está sozinho diante da morte. Talvez, se o cristianismo tivesse sobrevivido com toda a sua estrutura medieval, Pascal seria menos entendido na atualidade, pois professa a fé cristã em sua nudez. Desvinculou-a de todas as amarras sociais ou metafísicas a que parecia estar definitivamente ligada sob o *Ancien Régime*. Não há metafísica em Pascal como em Santo Tomás ou em Descartes; não há cosmologia infantil, não há trono [não há rei] sustentando o altar [a Igreja] como em Bossuet. Num século de absolutismo real que relacionava a fé à ordem social, como outrora acontecera ao Império Romano, à física de Aristóteles, os julgamentos de Pascal acerca de política e metafísica eram de uma lucidez cruel. Diante de Cristo representado por uma Igreja cujas

fraquezas ele não esconde, suas sentenças perspicazes retratam um homem despido de todas as máscaras, tremendo de frio por causa de um universo vazio, e a quem a escolha se dá entre dois extremos: o Crucificado ou o nada.[18]

Pascal acreditava que a vida sem Deus é nada. Bens materiais e prazeres não valem de nada. Ao apostar na existência de Deus e na felicidade eterna ("a aposta de Pascal"), o homem cheio de dúvidas não tem nada a perder: se Deus não existe, o homem que duvida só perde o nada.

Nietzsche cairia em êxtase perante o nada de Pascal, mas em vez de Cristo ele nos oferece o Anticristo. Nietzsche aboliu o homem para dar lugar ao super-homem; Pascal despiu o homem para aproximá-lo do Deus vivo.

Pascal continua a influenciar o coração das pessoas. "Duvido que sem ele", admitiu François Mauriac, "eu teria permanecido fiel, ou melhor, tenho dificuldade de imaginar o que teria sustentado minha fidelidade em tempos de crise, aquelas da minha própria vida, e aquelas das vidas dos homens".[19] Os pensamentos de Pascal mudaram substancialmente a visão de mundo de Takashi Nagai (1908–1951), um radiologista japonês que sobreviveu à bomba atômica em 1945 e se tornou mundialmente famoso após a publicação de seu

---

18 J. Steinmann, *Pascal*, Paris: Desclee de Brouwer, 1965, p. 150.
19 F. Mauriac, *O que eu creio* (1952), cap. 8 (A dívida com Pascal).

livro *Os sinos de Nagasaki*. Sob a influência de Pascal, Nagai converteu-se ao cristianismo no limiar da Segunda Guerra Mundial. Em 2017, o Papa Francisco declarou que gostaria que Pascal fosse canonizado. O que interessa ao Papa jesuíta é a personalidade de Pascal e seu amor por Cristo, e não, evidentemente, a velha polêmica entre jesuítas e jansenistas.

Pascal é um místico, mas "ainda que seja grandioso", escreve Mauriac,

> permanece como um de nós [...]; ele falou nossa língua até o fim [...]. Deus fala com cada um de nós através de Pascal. É precisamente para nós, e numa linguagem que nos é própria, que Ele proferiu palavras que, em certa noite, hesitei dizer diante de uma multidão porque brotavam da parte mais íntima e mais secreta de meu ser: "Pensei em ti em meu sofrimento. Consola-te. Tu não estarias a me procurar se não me tivesses encontrado. Por ti, derramei uma gota de sangue... Amo-te mais fervorosamente do que tu amas os teus pecados." É na confiança de um amigo falando a outro amigo que devemos estudar o que estas palavras, de geração em geração, deram àqueles a quem foram dirigidas.[20]

VIVER, SEGUNDO PASCAL

Viver, segundo Pascal, é encontrar o coração, aceitá-lo como o centro da personalidade e o fundamento do intelecto e da vontade.

---

20 Mauriac, *O que eu creio*, cap. 8 (A dívida com Pascal).

Viver, segundo Pascal, é buscar constantemente a verdade e comunicar esta verdade com empatia e elegância.

Viver, segundo Pascal, é estar consciente da própria miséria sem Deus, e da própria grandeza com Deus. É viver na verdade a respeito de si mesmo.

Viver, segundo Pascal, é recusar-se a afogar o vazio da existência sem Deus em diversões, entretenimento, ativismo profissional, e outras atividades triviais.

Viver, segundo Pascal, é preocupar-se com a salvação de sua alma. É ficar horrorizado com o espetáculo da indiferença espiritual.

Viver, segundo Pascal, é viver heroicamente (ao fazer escolhas radicais), e não ingenuamente (acalentado pelo mito do progresso).

Viver, segundo Pascal, é escolher entre o Cristo Crucificado e o nada.

A vida autêntica de Sören Kierkegaard
(1813–1855)

Sören Kierkegaard nasceu em 5 de maio de 1813, em Copenhagen, Dinamarca. Seu pai, Michael, era um comerciante abastado, e tinha 56 anos quando Sören nasceu. Sua mãe, Anne, tinha 44. Sören foi o filho caçula.

Anne outrora trabalhara como criada de Michael. Eles se casaram após a morte da primeira esposa.

Michael era um homem piedoso de temperamento melancólico. Era sombrio e rígido, o que fazia reinar na família uma atmosfera asfixiante. "Desde a infância fui submetido a um poder despótico insuportável", escreve Kierkegaard em seu diário, "a uma educação cristã rigorosa e austera que, humanamente falando, era uma loucura".[1] No entanto, Sören amava o pai com ternura: "Se queres saber como me tornei o escritor que sou, digo-te que devo isto àquele senhor. É sobretudo a ele que devo o que sou".[2]

---

1 S. Kierkegaard, *Journals*, 6:33, 75.
2 Kierkegaard, *Journals*, 7:381.

Sören perdeu a mãe aos seis anos de idade. Suas três irmãs mais velhas e seus dois irmãos morreram sucessivamente, quer de doença ou de acidente, antes de completarem trinta e três anos de idade. Apenas Sören e seu irmão mais velho, Peter, sobreviveram.

Em 1830, em consonância com o desejo do pai, Sören ingressou na faculdade de teologia da Universidade de Copenhagen, onde estudou teologia luterana e filosofia alemã. Demonstrava pouco interesse nos estudos. Vivia frivolamente.

Os pecados da juventude de seu pai foram, por muito tempo, um mistério para Sören, que soube deles apenas quando seu pai, bêbado, abriu o coração. Sören ficou impressionado — traumatizado, na verdade, considerando uma espécie de "terremoto". Certa vez, aos dez anos de idade, seu pai, trabalhando como pastor, amaldiçoou Deus por obrigá-lo àquele serviço árduo, quando estava num pântano. Sören também descobriu que ele corrompera a criada, sua futura esposa, seduzindo-a e engravidando-a pouco após a morte da primeira esposa. Kierkegaard concluiu que seus irmãos morreram prematuramente porque os pecados do pai amaldiçoaram a família.

Michael morreu poucos meses após tais revelações. Deixou uma grande soma em dinheiro para Sören, o que lhe permitiu viver confortavelmente e, em poucos anos, financiar a publicação de suas obras.

Em 1837, conheceu Regine Olsen, de quinze anos de idade. Em 1840, noivaram. No dia seguinte ao noivado, Kierkegaard já tinha se arrependido do que fizera, e um ano depois daquele dia, devolveu o anel de noivado com uma carta de adeus: "Perdoe aquele que é incapaz de fazer a moça feliz". ³ Regine caiu em desespero.

Por que ele rompeu o noivado? "Natural, espontânea, charmosa", escreve Sören, "ela era diferente de mim em tudo — um melancólico; não tive outra alegria senão elogiar sua beleza... ela escolheu a vida; eu escolhi a dor".⁴

Kierkegaard terminou com Regine porque, para ele, progredir espiritualmente tornara-se uma questão da maior urgência. Ele escolheu um destino mais alto, mais exigente, mais excepcional. Amava Regine ("o que perdi é a única coisa que amei"), mas estava convencido que uma aliança maior, "uma aliança de lágrimas", o comprometia a Deus.⁵

Sören achou difícil suportar essa separação. Numa carta a Regine, que ele acabou não enviando, escreve: "Obrigado por tudo o que te devo; obrigado pelo tempo em que foste minha... Obrigado por tua simplicidade infantil..., obrigado por tudo que me ensinaste com teu encanto, se não por tua sabedoria".⁶

---

3 Kierkegaard, *Journals*, 6:15, 350.
4 Jean Grenier, "Soren Kierkegaard: Biographie," La Republique des Lettres, xn--rpubliquedeslettres-bzb.fr/kierkegaard.php.
5 Grenier.
6 Kierkegaard, *Journals*, 6:35, 244.

Posteriormente, diria: "Devo tudo à sabedoria de um velho [Michael] e à simplicidade de uma jovem [Regine]".[7]

Seis anos após o término, Regine casou-se com Frederick Schlegel, seu antigo professor e admirador. "Ela se casou", Kierkegaard escreveu mais tarde. "Quando li as notícias no jornal, tive uma espécie de ataque".[8] Ele escreveu para Schlegel: "Nesta vida, ela pertencerá a você, mas entrará na história comigo".[9] Sören legou em testamento todo o seu patrimônio a Regine.

Duas semanas após o término, Sören foi a Berlim assistir às palestras de Schelling. Quando retornou, quatro meses depois, começou uma nova fase em sua vida — a fase de escritor.

Sören estava cada vez mais convencido da verdade do cristianismo. Nessa altura, renunciou à ambição de se tornar pastor. Tal situação lembra a renúncia ao casamento após se apaixonar por Regine. Ele procurou limitar a vida a fim de intensificá-la: Sören fez escolhas *existenciais*.

Afastou-se da vida mundana. Mudou-se para uma casa espaçosa, com uma secretária e um criado. "Vivo em meu quarto como se fosse uma pessoa sitiada, sem querer ver ninguém e constantemente temendo

---

7 Kierkegaard, *Journals*, 6:35, 225.
8 Kierkegaard, *Journals*, 6:5-6, 88.
9 Kierkegaard, *Journals*, 6:35, 231.

a invasão do inimigo: as visitas".¹⁰ Todos os dias caminhava de cartola pelas ruas chuvosas de Copenhagen, fumando charuto e fazendo comentários irônicos aos transeuntes.

Era impressionante a capacidade que Kierkegaard tinha para trabalhar: escreveu sete livros em cinco anos. Era excepcionalmente talentoso. O poder das imagens e metáforas, a sua imaginação poética, a análise psicológica precisa, a ironia, o *pathos* de pregador, a denúncia mordaz — Kierkegaard se valia de tudo isso para convencer seus leitores.

Todas as suas obras, sejam estéticas, filosóficas, ou religiosas, são erupções vulcânicas de uma introspecção fervilhante. Ele é o precursor da tendência filosófica que posteriormente seria chamada de "existencialismo".

Em 1843, aos 38 anos de idade, publicou uma grande obra — *Ou-Ou* (também conhecida como *A alternativa*) — na qual descreve, pela primeira vez, sua visão dos diferentes estágios da existência. Nos dois anos seguintes, publicou *Temor e tremor* (1843), *A repetição* (1843), *Fragmentos filosóficos* (1844), *O conceito de angústia* (1844), e *Estágios no caminho da vida* (1845).

Em 1845, *O Corsário*, jornal liberal e satírico de grande circulação, fez de Kierkegaard o tema de suas caricaturas. Nas ruas de Copenhagen, Sören foi atormentado pelos insultos dos transeuntes. Jovens perseguiam-no

---

10 Grenier.

gritando "Ou, ou!" e lhe atiravam pedras. "Se Copenhagen alguma vez teve opinião unânime a respeito de alguém, devo dizer que foi sobre mim: sou um preguiçoso, um vagabundo".

A partir de 1851, escreve apenas seu *Diário*.

Contudo, em 1855 pegou na pena para denunciar a hipocrisia da Igreja Luterana. Insurgiu-se contra a emasculação da vida cristã e a busca por conforto, que dizia serem incompatíveis com os ensinamentos de Cristo.

Tal desabafo foi provocado pela morte do líder da Igreja Luterana dinamarquesa, o bispo Mynster, que fora diretor espiritual do pai de Kierkegaard e, portanto, muito próximo da família. O povo dinamarquês amava esse pastor e lamentou sua morte. Por outro lado, Kierkegaard dizia que ele não era cristão:

> Uma vida de prazeres, sem sofrimentos, humilhações, temores, e desespero [...] não dá o direito de testemunhar a verdade [...]. O portador da verdade é o pobre, o humilhado, é quem não reclama, que está coberto de maldições e calúnias, que é tratado como um pária.[11]

Ser cristão, insiste Kierkegaard, é ter um espírito inquieto e rebelde, é lutar para salvar o amor crucificado por uma época ímpia. Todos querem uma vida tranquila, estável e feliz. A ideia de cristianismo está pervertida; não há mais cristianismo. De todas as heresias e cismas,

---

11 S. Kierkegaad, *O Bispo Mynster foi uma "testemunha da Verdade"?* (1855).

não há nada mais perigoso e sutil do que "brincar de faz de contas de cristianismo".

A imprensa oficial ridicularizou Kierkegaard. Seus nervos estavam à flor da pele. Em 11 de novembro de 1855, desmaiou na rua, e morreu alguns dias depois, aos 42 anos de idade. A multidão viu em sua morte a mão de Deus agindo.

Kierkegaard foi pouco conhecido e pouco valorizado ao longo da vida. Tornou-se popular apenas no século XX com o surgimento de regimes totalitários e problemas aventados pelo triunfo da cultura de massa.

A personalidade de Kierkegaard

O próprio Kierkegaard é objeto de sua filosofia. Sua vida — sua biografia — é o tema de sua reflexão. Kierkegaard estava interessado em si, e tal interesse era profundamente moral. Não era egocentrismo ou vaidade, mas uma introspecção cujo objetivo era formar uma teoria do eu, uma abordagem existencial que pudesse ser útil tanto para si quanto para outros.

Essa introspecção — esse autoconhecimento — nos ajuda a sair do anonimato em nossa relação com Deus e com os homens. Em Kierkegaard não há "nós": há apenas "você" e "eu". Em sua filosofia o "caminho para si mesmo" torna-se o caminho para Deus e para os outros.

Kierkegaard acreditava que cada encontro com o mundo provoca *temor* ante a magnitude de nossa própria responsabilidade. Devemos escolher, agir, crescer. Devemos ser responsáveis por nós mesmos diante de Deus. O *desespero* é o fruto positivo da insatisfação pessoal, do medo de permanecer imóvel. Para Kierkegaard, o medo e o desespero não são categorias psicológicas, mas categorias morais. Sem medo e sem desespero não há crescimento pessoal.

Ser livre, escolher, temer, desesperar-se: eis o que significa existir para Kierkegaard. Estas poucas palavras definem a essência de sua personalidade.

A primazia do singular

O tema principal da vida de Kierkegaard é a *existência* da pessoa singular, individual, concreta. O filósofo dinamarquês não se interessava pela humanidade "em geral", mas na experiência singular, *existencial* de cada indivíduo.

Kierkegaard afirmava a primazia do singular. Cada vida individual é uma experiência única. Cada existência é irrepetível, inimitável. Todo pensamento efêmero, todo sentimento fugaz, toda sensação passageira é importante. As teorias e os sistemas (o "todo" intelectual), tal como os impérios e os reinos (o "todo" material), de nada valem em face da existência singular. Isto é o que deve preocupar o filósofo. É no singular que estão ocultos a verdade, a vida, e o próprio Deus.

O indivíduo é infinitamente superior ao coletivo. A filosofia de Kierkegaard é a reação ao sistema hegeliano no qual o indivíduo era apenas um meio à disposição do Espírito Absoluto para atingir seus fins na história. No hegelianismo, o indivíduo é sacrificado a este espírito. Ele (o indivíduo) deve se fundir ao "todo anônimo", seja ele o estado ou o pensamento abstrato. Na visão de Hegel, não há liberdade e responsabilidade, não há existência autêntica.

Após o colapso do nazismo e do comunismo, que odiavam a singularidade da vida humana e tentaram dissolvê-la na massa — no partido ou no Estado — a abordagem de Kierkegaard foi um componente indispensável da reflexão filosófica após Auschwitz e Kolymá (o *Gulag*). No mundo moderno atual, afligido por novas formas de totalitarismo (as oferecidas por Rousseau são menos óbvias, mas igualmente cruéis), ler Kierkegaard é um meio privilegiado de elevação espiritual.

Uma teoria do eu

Kierkegaard diria que existo na medida em que sou apaixonado por minha existência singular. "Tudo que escrevi", diz ele, "foi única e exclusivamente sobre mim... O homem sou eu em relação comigo mesmo. Eu sou minha relação comigo mesmo".[12]

Sua crença era a seguinte: o interesse em nossa individualidade não é egocentrismo. É um passo necessário em direção ao autoconhecimento e, portanto, à humildade, que é a virtude dos que vivem na verdade de si próprios.

Além disso, para crescermos devemos nos interessar por nós mesmos e nos amarmos. O amor-próprio nos torna pessoas melhores; torna-nos seres profundamente morais. É através do amor-próprio que chegamos ao amor de Deus e ao amor pelo próximo.

A verdade é uma realidade viva e pessoal

Para Kierkegaard, o pensamento filosófico não deve *ser um pensamento no qual o pensador não existe*. A filosofia não deve ser uma ciência. A ciência só se interessa por conceitos; não tem utilidade para o "eu" e para o "tu". Age por abstração: elimina o concreto, o temporal, e a experiência pessoal, a fim de imergir-se no que é ideal conceitualmente. A ciência elimina a vida — ama sistemas. A existência, o modo de ser do sujeito individual, é precisamente o oposto de um sistema. Existir é ser presente, incompleto, desconectado, fora de qualquer sistema.

---

12 Kierkegaard, *Journals*, 6:16, 2, 331.

Kierkegaard opôs a verdade subjetiva, que é um compromisso pessoal, à verdade objetiva, que é indiferente ao fato de ser reconhecida. A verdade objetiva só se torna verdade subjetiva na medida em que nos força a mudar de vida. A verdade subjetiva é um sinal de sinceridade e de autenticidade. Tornar-se subjetivo é a mais elevada missão que nos foi atribuída.

Ao contrário do que muitos autores escreveram, Kierkegaard não é um filósofo subjetivista: ele não faz do homem a medida de todas as coisas. Quando diz que a subjetividade é a verdade, e a verdade, a subjetividade, quer dizer que a verdade é a correspondência entre meu conhecimento objetivo e a forma como o incorporo em minha vida. A verdade é a autenticidade da minha vida, e não um discurso verdadeiro sobre a existência. O homem "se esquece de existir", quando o que sabe sobrepuja e absorve seu coração: quem fala da morte como um conceito e não como uma realidade capaz de acabar com a vida — e para a qual deve se preparar de algum jeito — "se esquece de existir".

O propósito do pensamento não é a reflexão abstrata, mas algo para ser vivido na vida real. O verdadeiro conhecimento é mais do que apenas informação. De que adianta conhecer o mundo e tudo o que nele há se isso não mudar de alguma forma a minha vida? O que vale é o conhecimento, visto que pode transformar minha vida.

O filósofo é acima de tudo um sujeito

A filosofia de Kierkegaard foi uma tentativa de interpretar suas experiências mais íntimas e pessoais. É difícil encontrar um filósofo cuja vida e obra estejam tão intimamente ligadas. A *Ciência da lógica*, de Hegel, ou a *Crítica da razão pura*, de Kant, estão muito longe de serem expressões da vida de seus autores. As ideias de Kierkegaard, por outro lado, são tão autobiográficas que refletem fielmente sua experiência de vida, suas preocupações, seus sentimentos.

Existir é escolher

Para Kierkegaard, existir é compreender-se ao escolher livremente entre várias opções: "ou-ou". Não se trata, obviamente, de uma escolha entre um filé *mignon* ou um bife, entre um iPhone ou um Android. É uma escolha existencial: vida ou morte, liberdade ou escravidão, fé ou descrença, lealdade ou traição, amor ou egoísmo.

Ao escolhermos, ele deduz, tornamo-nos conscientes de nossa dignidade pessoal. Se não escolhermos, se deixarmos que o tempo e os acontecimentos escolham por nós, correremos o risco de perder nossa própria individualidade.

A liberdade gera a angústia. "A angústia é a vertigem da liberdade",[13] diz o filósofo. Devemos correr o risco de escolher, de agir, de errar. Muitas pessoas, a fim de evitar a "angústia", fogem da liberdade. Alienam-se em todo tipo de entretenimento que lhes façam esquecer a obrigação de "existir".

Os estágios da existência

Segundo Kierkegaard, a existência resume-se a três estágios: o estético, o ético e o religioso. Kierkegaard descreve o curso de sua vida e dela deduz a estrutura tripartite da vida de cada indivíduo. De acordo com esses estágios, ele divide as pessoas em quatro categorias: o filisteu, o esteta, o eticista e o religioso.

O *filisteu* não escolhe. Ele não existe. Não detém "eu". É um conformista. Nada com a corrente, acomoda-se às circunstâncias sem pensar que pode mudar algo.

O *esteta* escolhe seu caminho: o prazer. É um profissional do desejo. Vive no momento. O momento não pertence ao tempo: não é o presente, mas sim o vácuo. Não há unidade em sua vida, não há coerência em sua existência. Kierkegaard foi um esteta durante seus anos de universidade.

O *eticista* também escolhe seu próprio caminho: o dever. O bem e o mal são as categorias determinantes

---

13   S. Kierkegaard, *O conceito de angústia* (1844), parte 2, n.2

de sua existência e comportamento. Ele controla a própria vida. Infelizmente, cumprir o dever, por si só, não nos faz feliz; não é o sentido da existência. É um "herói trágico": Kierkegaard poderia ser considerado um eticista durante os vários meses em que foi noivo de Regine.

O homem religioso escolhe fazer a vontade de Deus. Para realizá-la, é capaz de fazer o oposto do que o dever exige. Deus pediu a Abraão que matasse seu filho Isaac, em forma de sacrifício, e Abraão obedeceu. Isto foi uma violação da ética, uma violação do mandamento "Não matarás". Deus se substituiu pela ética. A fé "suspende" a ética por um propósito maior. A fé exige um salto ao desconhecido, um apego profundo ao mistério de Cristo, mesmo quando isso contradiz a razão. A fé é um movimento que leva o fiel a renunciar a tudo, inclusive à própria inteligência: era absurdo, para Abraão, acreditar que ao renunciar a seu filho, este lhe seria restituído. Contudo, Abraão acreditou no absurdo, e foi pela virtude do absurdo que Isaac lhe foi restituído. Kierkegaard se tornou o "homem religioso" quando rompeu seu noivado e renunciou à ambição juvenil de se tornar pastor. No estágio religioso, não se trata mais de dedicar-se a si mesmo (estágio estético) ou aos outros (estágio ético), mas dedicar-se inteiramente ao transcendente. Esta relação com o divino exclui todo o comprometimento com a sociedade. Ele é um "cavaleiro da fé". Sua fé não tem garantias de certezas e oferece pouco em termos de segurança intelectual. Ele não teme o absurdo; ele espera contra a esperança.

Kierkegaard não tenta fortalecer a certeza de quem crê: ele convida a mergulhar de cabeça, com as dúvidas e tudo. Rejeita como patológica a atitude de buscar garantias e razões para crer. A fé não pode ser provada. Deve ser experimentada. O cristão ama a Deus. A paixão não precisa de justificativas.

Desespero existencial

Para Kierkegaard, ser você mesmo não significa ficar preso em um estado existencial específico, mas progredir ao estado seguinte.

Ele declara que o maior instrumento de crescimento pessoal não é dúvida (como é para os racionalistas), mas o "desespero". No desespero, a pessoa toda se expressa. Na dúvida, apenas a sua razão se expressa.

Em relação ao desespero, ele acreditava que era preciso se desesperar consigo próprio. O desespero não é o medo de ser nada: é o medo de *permanecer* nada. O desespero é dinâmico e profundamente moral, desenvolve nossas potências mais elevadas e nos leva de um estado existencial a outro.

A forma mais elevada de desespero é o arrependimento, a conversão, a transição ao estado de homem religioso.

VIVER, SEGUNDO KIERKEGAARD

Viver, segundo Kierkegaard, é viver uma vida autêntica. É amar a si próprio, é amar a própria subjetividade, amar a subjetividade, amar a própria existência singular e a de cada indivíduo.

Viver, segundo Kierkegaard, é recusar-se a se dissolver no Todo anônimo. É renunciar ao que é culturalmente, religiosamente, e politicamente correto.

Viver, segundo Kierkegaard, é afirmar a primazia do indivíduo, rejeitar todas as formas de totalitarismo, sejam vermelhas, pretas, verdes, ou de qualquer outra cor.

Viver, segundo Kierkegaard, é fazer escolhas conscientes, livres e resolutas, e vivê-las tão intensamente como se vivenciasse uma sensação vertiginosa.

Viver, segundo Kierkegaard, é saber "desesperar-se" de si mesmo a fim de seguir em frente na vida, é se arrepender para dar o grande salto que Deus espera de cada um de nós, é parar de "brincar de ser cristão".

Viver, segundo Kierkegaard, é amar Jesus Cristo — não intelectualmente, mas apaixonadamente — na loucura da Cruz.

A humanidade de Fiódor Dostoiévski
(1821–1881)

Fiódor Dostoiévski nasceu em Moscou, em 11 de novembro de 1821, no Hospital Mariinsky para os Pobres. Seu pai, Mikhail Dostoiévski, veterano da "Guerra Patriótica" de 1812 contra Napoleão, era o diretor clínico desse hospital. Era um homem impulsivo, desconfiado e rabugento. Sua esposa, Maria Nechayeva, provinha de uma família de comerciantes. Doce e piedosa por natureza, mas com a saúde cronicamente debilitada, admirava o marido. Juntos, tiveram oito filhos, dos quais Fiódor foi o segundo.

Em 1827, Mikhail tornou-se um "colegiado associado", cargo que o fez membro da nobreza por direito hereditário. Comprou a propriedade rural de Darovoe, na província de Tula, 150 quilômetros ao sul de Moscou. Lá, as crianças passavam o verão explorando o interior russo.

Ao longo da vida, Fiódor teve memórias felizes da infância. Em *Os Irmãos Karamázov*, seu último romance, coloca nos lábios de Zossima, ancião monástico, palavras que ecoam suas primeiras memórias do lar da infância:

> Da casa de meus pais só levo boas lembranças... Mesmo das piores famílias é possível se guardar memórias preciosas, se a alma está em busca do que é precioso... Tínhamos um livro com belas ilustrações, intitulado *Cento e quatro histórias sagradas do Antigo e do Novo Testamento*. Foi com este livro que aprendi a ler. Guardei-o em minha biblioteca como uma recordação maravilhosa.[1]

Em 1870, Dostoiévski encontrou um exemplar dessa mesma edição e o guardou com carinho por toda sua vida.

Dostoiévski expressa memórias afetuosas de sua infância através das palavras de Aliócha, personagem principal de *Os Irmãos Karamázov*. Aliócha as rememora em seu discurso aos colegas do jovem Iliúcha, cujo funeral acabara de acontecer:

> Não há nada mais elevado, mais forte, mais saudável, ou mais útil para nossa vida futura do que uma boa memória, especialmente uma memória de infância da casa da família. Uma bela memória de infância, uma memória sagrada, é talvez a melhor coisa para a nossa educação. Se mantivermos tais memórias, estaremos salvos pelo resto de nossas vidas. Ainda que guardemos em nossos corações apenas uma boa memória, ela poderá servir, em dado momento, para a nossa salvação.[2]

Esse discurso tornou-se autobiográfico: as boas memórias de infância permitiram que Dostoiévski suportasse o pelotão de fuzilamento e o trabalho forçado.

---

1 F. Dostoiévski, *Os irmãos Karamázov* (1879–1880), livro 6, capítulo 2.
2 Dostoiévski, *Os irmãos Karamázov*, epílogo, capítulo 3.

Em 1837, a mãe de Dostoiévski morreu de tuberculose aos 36 anos. Fiódor tinha dezesseis. Seu pai ficou arrasado com a morte da esposa: aposentou-se, mudou-se para o interior com os filhos mais novos e colocou os mais velhos, Mikhail e Fiódor, na Academia Militar de Engenharia de São Petersburgo, apesar da paixão que tinham pela literatura.

Fiódor passou nas provas e foi admitido na Academia em janeiro de 1838. Mikhail foi rejeitado por motivos de saúde. Os dois irmãos mantiveram uma correspondência prolongada e vivaz.

Dostoiévski, que não tinha vocação para engenheiro, ressentia-se por estudar na Academia. Sentia sua força criativa inexplorada e sofria por não poder desenvolvê-la. Dedicava todo o tempo livre à leitura. Soltava as asas da imaginação. Pouco a pouco, o tema principal de sua vida emergiu. Escreve ao irmão Mikhail: "O homem é um mistério. É preciso ir ao fundo desse mistério, e, se você passar a vida inteira nessa atividade, não diga que desperdiçou seu tempo; estou estudando tal mistério porque quero ser um ser humano".[3]

No verão de 1839, Fiódor recebe uma carta de seu pai anunciando sua falência iminente. Alguns dias depois, soube que o pai havia sido morto por servos indignados com os maus-tratos infligidos pelo senhor. Pelo resto de sua vida, Dostoiévski não acreditaria

---

3   F. Dostoiévski, Carta a Mikhail, 16 de agosto de 1839.

nessa versão dos fatos: a imagem de um senhorio brutal contradizia a boa opinião que tinha de seu próprio pai. E com razão: em 18 de junho de 1975, um artigo intitulado "Especulação e a lógica dos fatos" foi publicado na *Literaturnaya Gazeta*. Nele, o historiador soviético German Fyodorov demonstrou, baseado em arquivos documentais, que Mikhail Dostoiévski morrera de derrame cerebral.

Ao se formar na Academia em 1843, Fiódor recebeu o posto de segundo tenente e se juntou à seção de planejamento de campo do Departamento de Engenharia de São Petersburgo, ocupando o cargo de projetista. O emprego o entediava e irritava profundamente.

Logo, uma profunda mudança ocorreu na alma de Fiódor. O homem que até recentemente sonhava com aventuras fantásticas ao estilo de Walter Scott agora estava escrevendo um livro — *Gente pobre* — que contava a história de um funcionário público tímido, velho, e infeliz, em São Petersburgo. Nele, o exótico, o heroico, o romântico, o misterioso e o extraordinário dão lugar a tudo que há de mais banal. Na cidade "fantástica" de São Petersburgo, Dostoiévski entendeu que não há nada mais "fantástico" do que a realidade.

Num conto de 1861, intitulado *Sonhos de Petersburgo em prosa e verso*, Fiódor narra sua "visão no Neva":

> Foi como seu eu entendesse naquele momento aquela coisa que até então só se agitava dentro de mim; como se eu

adentrasse um mundo novo, um mundo que eu só conhecia por rumores obscuros, sinais misteriosos. Acredito que foi nesse exato momento que comecei a viver... Digam-me, cavalheiros, não sou um sonhador, não fui um místico desde a tenra infância? O que aconteceu? Nada, absolutamente nada, apenas um sentimento.[4]

Gógol, autor de "O capote" (conto publicado em 1843, que também trata das desventuras de um funcionário de baixo escalão em Petersburgo), foi a grande inspiração para essa mudança. Gógol extrai o extraordinário (o absurdo, o desvario, a repulsa) do ordinário. O filósofo Nikolai Berdyaev escreveu:

> Dostoiévski inspira-se em Gógol, sobretudo em seus primeiros romances. Contudo, em Dostoiévski a abordagem do homem é bem diferente. O homem de Gógol é um ser em estado de decomposição; não há seres humanos em suas obras, apenas rostos estranhos... Dostoiévski, por outro lado, descobre a grandeza do homem, mesmo na criatura mais decaída.[5]

Em 1844, menos de um ano antes de sair do exército, Fiódor concluiu a primeira tradução russa de *Eugenie Grandet*, de Balzac, que posteriormente seria publicada sem menção ao nome do tradutor. Dostoiévski aprendeu a técnica do romance com o escritor francês.

O texto de *Gente pobre*, que reescreveu quatro vezes num afã por perfeição, foi concluído em 1845.

---

4 F. Dostoiévski, *Sonhos de Petersburgo em prosa e verso* (1861).
5 N. Berdiaev, H. A. *Visão de mundo de Dostoiévski* (1923), cap. 1, tradução do russo.

Aconselhado por seu amigo e colega de quarto da época, o escritor Dmitri Grigorovich, Dostoiévski apresentou seu manuscrito ao poeta Nikolai Nekrasov. Em seu livro *O romance russo*, Eugène-Melchior de Vogüé relata:

> Às três da manhã, Dostoiévski ouviu uma batida na porta: era Grigorovich voltando, trazendo consigo Nekrasov. O poeta, embebido de emoção, precipitou-se aos braços do estranho; passara a noite toda a ler o romance, e sua alma estava esmagada... Ao deixar seu novo protegido, Nekrasov dirigiu-se diretamente a Belinsky, o oráculo do pensamento russo, o crítico cuja menção ao próprio nome fazia tremer os novatos literários. "Um novo Gógol nos nasceu!", exclamou o poeta ao adentrar a casa do amigo. "Gógols estão brotando feito cogumelos hoje em dia", retrucou o crítico mordazmente; e pegou o manuscrito como se fosse côdea de pão envenenado. Mas seu efeito em Belinsky também foi mágico.[6]

Dostoiévski foi recebido com afeto no círculo de Vissarion Belinsky e ficou famoso antes de mesmo de Nekrasov publicar seu romance em janeiro de 1846. Anos depois, em seu *Diário de um escritor*, Dostoiévski narrou as palavras de Belinsky proferidas no dia em que ambos se encontraram pela primeira vez: "Você entende, meu jovem, toda a verdade do que escreveu?... É a revelação da arte, é um dom que vem de cima: respeite esse dom e você será um grande escritor!". E Dostoiévski comenta: "Foi o momento mais delicioso

---

6 E. de Vogue, *Le Roman russe*, Paris: E. Plon, Nourrit et Cie, 1924, p. 120.

da minha vida. Na prisão, quando recordei tais palavras, recobrei minha coragem".[7]

Sua obra seguinte, *O duplo*, foi recebida com total incompreensão. O reconhecimento prévio de sua genialidade, cheio de entusiasmo, deu lugar à mais profunda decepção. Belinsky manteve-se distante.

Na primavera de 1846, o escritor Alexei Pleshcheev apresentou Dostoiévski ao fourierista russo[8] Mikhail Petrachevsky. No círculo de Petrachevsky, Dostoiévski ficou próximo de Nikolai Spechnev, que se dizia comunista. Na primavera de 1849, Sergei Durov criou um círculo menor — na verdade, uma sociedade secreta e clandestina — à qual se juntaram os membros mais radicais do círculo de Petrachevsky, incluindo Dostoiévski, Pleshcheev e Spechnev. Seu objetivo era montar uma gráfica secreta e organizar um golpe de estado.

Nas reuniões do Círculo de Durov, Dostoiévski lia repetidamente a Carta de Belinsky a Gógol, de 15 de julho de 1847. Nesta carta "proibida" (assim chamada porque o governo a censurara), Belinsky, sob a influência de Feuerbach, atacou a religiosidade de Gógol:

> O que a Rússia precisa não é de sermões (ela já tem muitos!) ou de orações (já as repetiu demais!), mas despertar no povo o sentido de sua dignidade humana, perdida por tantos séculos no meio da poeira e do lixo; precisa de direitos e leis cuja observância

---

7   F. Dostoiévski, *Diário de um escritor*, janeiro de 1877.
8   Charles Fourier (1772–1837) foi um socialista utópico francês.

seja a mais estrita possível, conformes não aos sermões da igreja, mas à justiça e ao senso comum. Em vez disso, apresenta o espetáculo terrível [...] de um país onde os direitos da pessoa, os direitos à honra e à propriedade não são defendidos, e onde as grandes corporações de ladrões e assaltantes — todos oficiais — tomam o lugar da polícia... Olhe mais perto, e verá que o povo russo é, por natureza, um povo profundamente ateu.[9]

Dostoiévski achou fascinante o ensinamento de Belinsky. A fé de sua infância revelou-se frágil. A questão religiosa era ausente das obras que publicara antes de ser preso.

"Provavelmente nunca poderia ter me tornado um Nechaev", Dostoiévski disse anos depois, "mas, talvez, um nechaeviano... em minha juventude".[10] Sergei Nechaev foi o fundador de uma sociedade revolucionária na década de 1860 e autor do *Catecismo Revolucionário*. Ele sonhava em estabelecer uma rede de células secretas por toda Rússia com o objetivo de agitar as massas, derrubar o governo, e destruir a religião, a família e a propriedade. A célula revolucionária de Durov, com sua tipografia secreta e programa insurrecionário, assemelhava-se bastante à organização nechaeviana. Em *Os demônios*, Dostoiévski retrataria com realismo impressionante os demônios da futura revolução russa, tendo ele mesmo sido um deles.

---

9 V. G. Belinsky, Carta a Gogol, ed. N. F. Belchikov, Moscou, State Publishing House, 1936.
10 Belinsky.

Spechnev, figura central no círculo de Durov, exerceu enorme influência sobre Dostoiévski. Vistoso e oriundo de uma família rica, sua boa aparência facilmente chamava atenção. Certa vez, teve um caso com uma tal de Anna Savelieva, proprietária de terras, que abandonou o marido e os dois filhos para ir com Spechnev ao estrangeiro. Lá, ela cometeu suicídio. De volta à Rússia, Spechnev pregou o socialismo, o ateísmo e o terrorismo. Foi um dos primeiros leitores russos do *Manifesto do Partido Comunista* (1848), de Karl Marx e Friedrich Engels.

Spechnev era mais propenso a ouvir do que a falar. Apesar de seu charme e de ser capaz de demonstrar afabilidade, era, por natureza, frio e reservado. Comunista, não gostava das conversas fiadas dos liberais no círculo de Petrachevsky. Muito provavelmente foi Spechnev quem deu origem ao círculo extremista de Durov. Atraente, e ainda assim frio feito gelo; carismático, e ainda assim misterioso, Spechnev, por todas as suas contradições, conquistou a devoção genuína de Dostoiévski. Ele ficou encantado com esse homem estranho, e também com seu poder demoníaco. Dostoiévski, algumas décadas depois, iria imortalizá-lo na figura de Nikolai Stavrogin, o personagem central de seu profético livro *Os demônios*.

Na manhã de 23 de abril de 1849, pouco depois da publicação de seu conto *Noites brancas,* Dostoiévski e outros membros do círculo de Petrachevsky foram presos e detidos na Fortaleza de Pedro e Paulo. Por ter lido em público a carta de Belinsky e por não comunicar sua distribuição, Dostoiévski foi sentenciado à morte por fuzilamento. Uma semana depois, a pena foi comutada por oito anos de trabalhos forçados. O Czar Nicolau I reduziu a pena para quatro anos, mas acrescentou um ano de serviço militar compulsório como soldado raso. O Czar decidiu não informar aos prisioneiros que suas sentenças de morte haviam sido comutadas até que todos estivessem diante do pelotão de fuzilamento e os soldados estivessem prestes a puxar o gatilho. Enquanto essa pantomima macabra se desenrolava, um dos condenados, Nikolai Grigoriev, enlouqueceu e nunca mais recobrou a sanidade.

"Depois de nos lerem a sentença de morte", escreveu Dostoiévski a seu irmão Mikhail,

> Mandaram-nos beijar a cruz, partiram nossas espadas acima de nossas cabeças e nos deram camisas brancas — a vestimenta dos condenados à morte. Em seguida, três prisioneiros foram amarrados ao pilar para serem executados. Eu era o sexto. Três por vez eram chamados; por conseguinte, eu estava no segundo grupo e não tinha mais que um minuto de vida. Lembrei-me de ti, irmão, e de todos vós; durante o último minuto, pensei apenas em ti; só então percebi o quanto te amava, querido irmão! Também consegui abraçar Pleshcheyev e Durov, que estavam cada um a meu lado, e despedi-me deles. Finalmente, a execução foi cancelada, os homens foram desamarrados dos pilares, e foi anunciado que Sua Majestade Imperial nos poupara a vida.[11]

---

11 F. Dostoiévski, Carta a Mikhail, 22 de dezembro de 1849.

Sabemos como Dostoiévski se sentiu na hora da execução quando lemos um dos monólogos do príncipe Míchkin, em *O idiota*. Frente à iminência da morte, Dostoiévski sentiu "o dom da vida". O príncipe Míchkin, em *O idiota*; Makar Dolgoruky, em *O adolescente*; o ancião Zossima, em *Os Irmãos Karamázov*: todos falam desse dom que está no cerne do mistério da existência.

Em Tobolsk, Sibéria ocidental, durante a jornada dos condenados à colônia penal, as esposas dos decembristas exilados (participantes do golpe militar fracassado de dezembro de 1825) organizaram uma reunião de todos os membros deportados do grupo de Petrachevsky. Deram a cada um deles uma Bíblia, com alguns rublos escondidos na encadernação. Dostoiévski guardou essa Bíblia como uma relíquia pelo resto da vida.

Em 23 de janeiro de 1850, Fiódor chegou à penitenciária de Omsk. Escreveria posteriormente a seu irmão Andrei: "Durante aqueles quatro anos, foi como se eu tivesse sido enterrado vivo e lacrado num caixão. Foi um sofrimento indescritível, interminável. Cada hora, cada minuto, pesavam em minha alma como se fossem pedras".[12]

Os anos na prisão marcaram uma virada definitiva na evolução espiritual do escritor. Em *Recordações da casa dos mortos*, obra autobiográfica na qual Dostoiévski

---

12 F. Dostoiévski, Carta a Andrei, 6 de novembro de 1854.

estava se ocupando desde sua saída da prisão, o narrador recorda:

> Ao longo de todos aqueles anos, no meio da multidão de reclusos, estive em total solidão, uma solidão que passei a amar. Reconsiderei toda a minha vida passada, examinei tudo nos mínimos detalhes, refleti profundamente acerca de meu passado e me julguei severa e implacavelmente. Por vezes cheguei até a agradecer ao destino por me enviar esse período de isolamento, sem o qual nem este julgamento a respeito de mim e nem a revisão severa de minha vida passada teriam existido. E que esperança eu tinha em meu coração nesses momentos! Pensei, decidi, jurei para mim mesmo que em minha vida futura não mais haveria erros, e nem fracassos... Estava esperando pela liberdade, eu a chamava com todo o meu ser, queria demonstrar a minha coragem novamente em uma nova batalha.[13]

Seria demasiado simplista pensar que Dostoiévski tornou-se, durante os anos na prisão, alguém que crê. O que é certo, no entanto, é que saiu com uma sede profunda de acreditar.

Dostoiévski foi enviado para Semipalatinsk, Sibéria, na categoria de soldado raso da infantaria. Lá, fez amizade com Maria Isayeva. O marido dela, Alexander Isaev, era um oficial local de coração nobre, mas também um bêbado inveterado. Morreu poucos meses depois.

Na esperança de obter indulto pleno do Czar Alexandre II (que sucedeu Nicolau I), Dostoiévski pediu ao general Eduard Totleben, um velho conhecido seu e herói da Guerra da Crimeia, que intercedesse junto

---

13 F. Dostoiévski, *Recordações da casa dos mortos* (1862), capítulo 9.

ao Czar a seu favor. Em 26 de agosto de 1856, dia da coroação de Alexandre II, Alexandre perdoou os ex--membros do grupo de Petrachevsky, mas ordenou que Dostoiévski fosse secretamente monitorado até que sua confiabilidade fosse comprovada.

Dostoiévski casou-se com Maria Isayeva e, em 1859, voltou para São Petersburgo junto de Maria e Pavel, filho dela com o marido falecido. A vida conjugal de Dostoiévski e Maria não se aproximou da visão romântica que ele concebera. O casamento foi um fracasso total.

Em 1860, Dostoiévski escreveu suas memórias do cárcere — *Recordações da casa dos mortos* —, tornando-se o primeiro escritor a abordar o tema da vida dos condenados. Foi um grande sucesso e permanece como um marco na história da literatura de campos de detenção.

Em 1862, Dostoiévski viajou pela primeira vez ao estrangeiro. Visitou a Alemanha, a França, a Inglaterra, a Suíça, a Itália e a Áustria. Na cidade termal alemã de Baden-Baden, onde pretendia tomar as águas das fontes, começou a frequentar os cassinos, tornando-se viciado em jogos de azar e acabando por endividar-se.

Em 1863, enquanto sua esposa agonizante aguardava a morte, fez uma segunda viagem à Europa, e em parte do trajeto esteve acompanhado de uma tal Apollinaria Suslova, jovem "emancipada" com quem se encontraria novamente em Wiesbaden, no ano de 1865. Tanto o vício em apostas quanto seu relacionamento complexo com Suslava ("uma mulher infernal", em suas palavras) encontrariam expressão literária na obra *O jogador*.

Memórias do subsolo (1864) marca um novo estágio no desenvolvimento do talento de Dostoiévski. Nela, o homem do subsolo não é um revolucionário: é um homem sem vontade, esmagado pela consciência do mal no mundo e por sua impotência em remediá-lo. Essa impotência transforma em ódio o seu amor pela humanidade. Dostoiévski compreendeu a tragédia moral que o aguardava, se persistisse a viver num mundo sem Deus.

Em 1864, morreram Maria, esposa de Dostoiévski, e Mikhail, irmão mais velho do escritor. Em fevereiro de 1865, seis meses após a morte de Mikhail, a revista *Epoch*, que os irmãos Dostoiévski fundaram em 1863, deixou de ser publicada. Ao assumir a responsabilidade pelas dívidas da revista, Dostoiévski foi forçado a aceitar um contrato com a editora de Fiódor Stellovsky para que publicasse todas as suas obras prévias. Os termos do contrato foram duros para o escritor.

Os primeiros capítulos de *Crime e castigo* foram publicados no começo de 1866, na revista *Russkiy Vestnik* (O mensageiro russo). Mas o contrato com Stellovsky exigia que Dostoiévski enviasse o manuscrito de um romance ainda inédito (deveria ser *O jogador*) até 1º de novembro de 1866. Isso acabou atrasando a conclusão de *Crime e castigo*. Alexander Miliukov, amigo de Dostoiévski, entrou em contato com Anna Snitkina, a melhor estenógrafa de São Petersburgo, a fim de que se acelerasse a escrita de *O jogador*. Após entregar o manuscrito ao editor, Dostoiévski pediu a estenógrafa em casamento. Em 15 de fevereiro de 1867, casaram-se na Catedral da Santíssima Trindade. Juntos, viriam a ter quatro filhos. Foi provavelmente durante seu casamento com Snitkina que Dostoiévski finalmente se converteu ao cristianismo.

O lucro que obteve com *Crime e castigo* não foi irrisório. Para evitar que os rendimentos fossem confiscados por credores, fugiu para a Europa com Anna — e lá permaneceu por quatro anos.

Dostoiévski voltou para São Petersburgo em 1871, dando início a um dos períodos mais felizes e frutíferos de sua vida. Anna cuidou das finanças e Fiódor abandonou definitivamente o vício em apostas.

Em 1878, Aleksei Dostoiévski, filho amado do casal, morreu após um ataque epilético aos três anos de idade. Tal acontecimento abalou profundamente o escritor.

Entre as obras mais importantes de Dostoiévski estão *Diário de um escritor* (1873–1881), obra filosófica, literária e jornalística; e cinco romances: *Crime e castigo* (1866), *O idiota* (1868), *Os demônios* (1871–1872), *O adolescente* (1875), e *Os irmãos Karamázov* (1879–1880).

Em 8 de junho de 1880, diante da Sociedade dos Amantes da Literatura Russa, na inauguração do monumento a Aleksandr Puchkin no centro de Moscou,

Dostoiévski proferiu um discurso sobre a grandeza de Puchkin lembrado até os dias atuais. Destacou a habilidade de Puchkin em incorporar o "gênio" de outras nações e culturas, tanto que, em *Don Juan*, Puchkin "é" um espanhol; em *A feast in time of Plague*, um inglês; em *Imitations of the Koran*, um árabe; em *Noites egípcias*, um romano. Concluiu:

> Sim, sem sombra de dúvida, o destino de um russo é pan-europeu e universal. Tornar-se um russo de verdade, tornar-se plenamente russo (e você deveria se lembrar disto) significa se tornar o irmão de todos os homens, tornar-se, se você quiser, *um homem universal*... Puchkin morreu na plena maturidade de seus poderes, e inegavelmente levou para o túmulo um grande segredo. E agora nós, sem ele, estamos tentando adivinhar seu segredo.[14]

Na noite de 25 de janeiro de 1881, tossiu sangue e perdeu a consciência. Quando a recobrou, disse à esposa: "Anya, mande vir um padre imediatamente, quero me confessar e comungar". Na manhã de 28 de janeiro, bem cedo, confidenciou a ela: "Sabe, Anya, não durmo há três horas. Vou morrer hoje". Anna tranquilizou o marido, mas ele a interrompeu: "Não. Eu vou morrer hoje. Acenda uma vela, Anya, e me passe o Evangelho".[15]

Lyubov, filha do escritor, declara em suas memórias que o pai, agonizante, chamou a ela e ao irmão e

---

14 F. Dostoiévski, *Discurso diante da Sociedade dos Amantes da Literatura Russa*, 8 de junho de 1880.
15 "Leia Dostoiévski, ame Dostoiévski", 9 de fevereiro de 2015.

pediu-lhes que lessem a parábola do filho pródigo. Em seguida, disse aos filhos:

> Meus filhos, nunca se esqueçam do que acabaram de ouvir aqui. Mantenham a fé no Senhor e nunca se desesperem de seu perdão. Eu os amo muito, mas meu amor é nada comparado ao amor infinito de Deus por toda a humanidade. Ainda que vocês cometam um crime, não percam a esperança no Senhor. Vocês são filhos dele, humilhem-se diante dele como perante o seu pai, peçam-lhe perdão, e ele se alegrará com seu arrependimento assim como se alegrou com o retorno do filho pródigo.[16]

Pouco antes das sete da noite, Dostoiévski expirou.

Dostoiévski não estudou filosofia; não escreveu tratados filosóficos e nunca afirmou ser um filósofo. Seus contemporâneos não consideravam seus escritos como filosóficos. Contudo, é um dos escritores mais *filosóficos* que já existiu. Se há poucos homens de ciência que fizeram tanto pela filosofia quanto Pascal, há poucos homens de letras que fizeram tanto pela filosofia quanto Dostoiévski.

"A totalidade da obra de Dostoiévski", escreve Berdyaev,

> é a encarnação artística e o movimento trágico de ideias. O herói do *Subsolo* é uma ideia, Raskolnikov é uma ideia, Stavrogin, Kirilov, Chátov, Pyotr Verkhovensky são ideias, Ivan Karamázov é uma ideia. Todos os heróis de Dostoiévski são absorvidos por uma ideia, intoxicados por uma ideia; as ideias, no sentido platônico do termo, obcecam Dostoiévski... Dostoiévski disse

---

16 L. Dostoyevsky, *Dostoiévski retratado por sua filha*, 1920, p. 162, tradução do russo.

a respeito de si: "Sou fraco em filosofia, mas sou fortemente apaixonado por ela". Ele não era forte na filosofia acadêmica, mas seu gênio intuitivo permitiu-lhe filosofar de outra maneira. Era um filósofo de verdade, um dos maiores filósofos russos... A obra de Dostoiévski é de importância radical para a antropologia filosófica, para a filosofia da história, para a filosofia da religião, para a filosofia moral.[17]

A personalidade de Dostoiévski

"Dostoiévski tem um desejo apaixonado de amar e ser amado", escreveu o filósofo Nicholas Lossky.

> Ele se define como "um homem de coração terno que não sabe comunicar seus sentimentos". Constantemente reclama de seu caráter repugnante: "Às vezes sou incapaz de proferir uma única palavra gentil, muito embora meu coração esteja cheio de amor". Não é, portanto, surpreendente que satisfaça a sede por amor em seus sonhos e a verta em seus contos, tais como *Noites brancas, Netochka Nezvanova, A senhoria, Gente pobre, Um pequeno herói...* Quando as circunstâncias, os laços familiares ou simplesmente o hábito fazem desaparecer os obstáculos entre Dostoiévski e os outros, a doçura de sua alma e sua bondade são reveladas com força e clareza [...]. São muitos os fatos que testemunham sua bondade extraordinária.[18]

Dostoiévski era, por natureza, profundamente melancólico: vivia dentro de si. Em 1847, numa carta a seu irmão Mikhail, admitiu sofrer de desequilíbrio

---

17 Berdiaev, H. A. *A visão de mundo de Dostoiévski*, cap. 1.
18 N. Lossky, H. O. *Dostoiévski e sua visão de mundo cristã*, vol. 1, p. 1, tradução do russo.

psicológico: "Quando a vida exterior está se esvaindo, a vida interior, perigosamente, toma conta. Os nervos e a fantasia, então, ocupam um lugar predominante. O menor evento exterior parece colossal e assustador. Começa-se a temer a vida".[19] Dostoiévski frequentemente estava à beira da loucura. Sua escrita criativa o salvou, oferecendo-lhe uma fuga da tensão insuportável entre o exterior e o interior.

Nas obras de Dostoiévski descobrimos suas lutas ocultas, seus conflitos íntimos. A análise de seus escritos nos permite reconstruir sua personalidade e toda sua complexidade psicológica e espiritual. Em seus romances, os santos e os pecadores são o próprio autor. "Ele reconta sua vida nas vidas de seus personagens; nas dúvidas dos personagens estão expressas as dúvidas do autor; nos erros dos personagens, Dostoiévski descobre seus próprios erros; nas contradições do comportamento dos personagens, vê suas próprias contradições; em seus crimes, os crimes que comete secretamente no coração".[20]

Dostoiévski era uma personalidade profundamente contraditória. Seus ideais nobres coexistiam com o vício: a vaidade (seu sucesso literário muitas vezes o deixava convencido e afetado), a intemperança (nas roletas de jogos e a depravação que as acompanham),

---

19 F. Dostoiévski, *Carta a Mikhail*, janeiro-fevereiro de 1847.
20 Berdiaev, H. A. *A visão de mundo de Dostoiévski*, cap. 1.

e acima de tudo a injustiça. Dostoiévski foi injusto com sua primeira esposa, Maria: um ano e meio antes da morte dela, que estava sofrendo com tuberculose, Dostoiévski a traiu com Suslova. Foi injusto com os poloneses, os judeus, os alemães, os ingleses e os franceses, a quem constantemente insultou em seu *Diário*, embora amasse profundamente a grande cultura da Europa Ocidental. Foi injusto com seu povo: endeusou tanto a relação entre o *muzhik* (camponês) russo e o Czar que, inconscientemente, favoreceu a ascensão do sinistro Rasputin: "Foi Grigory Rasputin que matou a monarquia", diz Berdyaev. "A ligação entre o Czar e Rasputin completou misticamente a autocracia... Foi a punição do populismo russo, que fez do elemento pagão nacional um deus separado do Logos universal, da Igreja universal."[21]

Em Dostoiévski, toda sorte de miséria coexistia com sua nobreza de alma. Nesse sentido, diferia grandemente de Pascal e de Soloviev, em quem o desejo por excelência moral e santidade era muito mais evidente.

"Quero ser um ser humano"

Aos dezoito anos, Dostoiévski já havia descoberto e formulado sua missão vital: "O homem é um mistério.

---

21 N. Berdiaev, H. A. *Os fundamentos espirituais da Revolução Russa*, tradução do russo.

Deve-se ir ao fundo dele... Estou estudando esse mistério porque quero ser um ser humano".[22]

Aos 29 anos, quando estava prestes a ir para a prisão, despediu-se de Mikhail:

> Irmão, não estou deprimido e nem abatido. Em todos os lugares a vida é a vida... Ser um ser humano entre seres humanos — e permanecer como tal — mesmo na desgraça, sem esmorecer e sem cair: eis o que é a vida, eis seu sentido.[23]

"Dostoiévski é obcecado pelo homem", escreve Berdyaev.[24] "As exterioridades — a cidade, com sua atmosfera peculiar; os apartamentos, com sua mobília horrorosa; as estalagens, com sua fedentina execrável — são apenas sinais, símbolos do mundo interior do homem, reflexos de sua jornada espiritual".[25]

Diferentemente de Tolstói, Dostoiévski não é um psicólogo. É um antropólogo. A sua ciência é a antropologia filosófica e teológica. "Dostoiévski nos tira do círculo fechado do psicologismo e nos leva às questões eternas. Ele sabe que a dignidade do homem se revela, em sua plenitude, na esfera espiritual e religiosa, e não na esfera psicológica".[26]

---

22 Dostoiévski, Carta a Mikhail, 16 de agosto de 1839.
23 Dostoiévski, Carta a Mikhail, 22 de dezembro de 1849.
24 Berdiaev, H. A. *A visão de mundo de Dostoiévski*, cap. 2.
25 Berdiaev, H. A. *A visão de mundo de Dostoiévski*, cap. 1.
26 Berdiaev, H. A. *A visão de mundo de Dostoiévski*, cap. 1.

Dostoiévski está imbuído de uma compaixão sem limites pelo homem, embora esteja longe de ser um humanista sentimental. Ele prega a compaixão, mas também o sofrimento. Exige o sofrimento porque acredita em seu poder redentor.

O amor e a compaixão pelo homem, a defesa de sua dignidade e liberdade, a busca pela face de Deus no homem, a sede pela dor purificadora — isto é Dostoiévski.

"É vasto o homem..."

"A beleza é uma coisa terrível e horrível", declara Dmitri Karamázov.

> É-me insuportável que um homem, mesmo com um coração sublime, comece pelo ideal da Madona e acabe no ideal de Sodoma. É ainda mais horrível aquele que, já com o ideal de Sodoma na alma, não renegue o ideal da Madona e este lhe arda na alma, lhe arda de verdade, como nos anos da sua pureza jovem. Não, amigo, é vasto o homem, demasiado vasto, eu, por mim, reduzi-lo-ia... Aqui o diabo luta com Deus, e o campo de batalha são os corações humanos.[27]

O homem é vasto, o espírito humano é vasto em suas inclinações para o bem e para o mal. No cárcere, Dostoiévski conviveu com prisioneiros que eram incapazes de demonstrar o mínimo arrependimento por seus crimes infames. Ele foi confrontado com o

---

27 Dostoiévski, *Os Irmãos Karamázov*, livro 3, capítulo 3.

poder real da maldade, o poder demoníaco do pecado. Suas convicções "naturalísticas" (sua fé inicialmente rousseauniana na bondade absoluta do homem) desmoronaram-se umas após outras feito um castelo de cartas. Ele percebeu que, junto ao mal sociopolítico contra o qual lutara em sua juventude, havia uma maldade pessoal mais profunda, mais fundamental, mais perigosa. Rousseaunismo, liberalismo, socialismo — todas as doutrinas que negam a existência do pecado original — caem por terra.

Dostoiévski rebelou-se contra a explicação sociológica do mal, contra a negação da liberdade e da responsabilidade pessoal. Se o homem é apenas um produto de seu meio, supôs, então não é nada. Essa redução do homem à matéria despertou a ira do escritor.

Dostoiévski estava consciente do poder do mal, mas mantinha sua fé na liberdade do homem e na responsabilidade pessoal. O homem é vasto em liberdade e responsabilidade, ele cria. O homem não é "demasiado vasto", e apenas o anticristo poderia sentir o desejo de "reduzi-lo".

Deus que se tornou homem

Dostoiévski acreditava no homem porque acreditava que Deus se fizera homem. Mesmo em sua trágica queda, o homem descobre a face radiante de Cristo, sua humanidade, sua misericórdia. Ele recupera a confiança que tinha em si mesmo, purifica-se e se salva por meio do sofrimento e da penitência.

"A fé no homem", escreve Berdyaev, "é a fé em Jesus Cristo, Deus que se fez homem [...]. Em nome de Cristo, em nome do amor infinito que sente por Cristo, Dostoiévski rompe com o humanismo ateu do qual Belinsky é o profeta".[28]

Foi entre os muros da Fortaleza de Pedro e Paulo que se iniciou o longo processo de conversão de Dostoiévski, aos 29 anos de idade. Quatro anos depois, quando saiu da colônia penal, notou quão longe chegara: "Na colônia, compreendi a mim mesmo..., compreendi Cristo..., compreendi o homem russo".[29]

Dostoiévski foi cativado pela humanidade de Cristo, por sua natureza humana perfeita, pelo alcance de suas virtudes naturais. Ao deixar a penitenciária, escreveu a Natalia Fonvizina, uma das mulheres que ofereceu uma Bíblia para cada um dos membros do círculo de Petrachevsky:

> Eu lhe direi que sou um filho deste século, um filho da descrença e da dúvida. Sou assim no presente e permanecerei como tal até chegar ao túmulo. Quanta tortura terrível essa sede pela fé meu custou — e ainda me custa —, que tanto mais forte em minha alma mais argumentos encontro contra ela. E, no entanto, Deus

---

28 Berdiaev, H. A. *A visão de mundo de Dostoiévski*, cap. 1.
29 V. Soloviev, Bc. "Lembranças de Dostoiévski", *Boletim Histórico* 3 (1881); tradução do russo.

às vezes me envia momentos em que estou completamente calmo; nessas horas amo e me sinto amado, e foi nessas horas em que moldei um Credo onde tudo está claro e sagrado para mim. Esse Credo é bem simples, eis: não acreditar que nada é mais belo, profundo, compreensivo, sensato, viril e poderoso do que Cristo... Mesmo que alguém me provasse que a verdade está fora de Cristo, eu preferiria permanecer com Cristo a permanecer com a verdade.[30]

Dostoiévski não achava utilidade para uma divindade que não se fez homem, tampouco para uma Verdade que não se fez carne. Ele aceitou a divindade de Cristo porque estava apaixonado por sua humanidade.

O Homem-Deus *versus* o Deus-Homem

Em *Os demônios*, Kirilov anuncia o reino do homem-deus. "O Deus-homem?", pergunta Stavrogin. "O homem-deus!", responde Kirilov, "essa é a diferença".[31] O homem moderno rejeita Deus e com ele a realidade do Deus-homem. Conscientemente ou não, cria as condições para o surgimento do homem-deus. "Se Deus não existe", diz Kirilov, "então eu sou Deus".[32] O homem-deus é aquele para quem tudo é permitido.

Raskolnikov, personagem central de *Crime e castigo*, gostaria de ter sido o homem-deus. Ele é ávido por

---

30 F. Dostoiévski, Carta a N. Fonvizina, Omsk, 1854.
31 F. Dostoiévski, *Os demônios*, parte 2, capítulo 5.
32 F. Dostoiévski, *Os demônios*, parte 6, capítulo 2.

poder, procura "dominar as criaturas trêmulas, dominar todo o formigueiro". Ele se pergunta: "Sou um piolho como todo mundo ou um homem?... Sou uma criatura trêmula ou tenho o *direito*?[33] Ao assassinar a velha, quer provar para si mesmo que não é um "piolho" nem uma "criatura trêmula". Mata-a, mas as dúvidas que o acometem em seguida demonstram sua "fraqueza". "Eu não sabia como dar o salto, fiquei aquém, só sabia como matar", ele conta para Sonia.

> O diabo conduziu-me e me mostrou desde então que eu não tinha o direito de escolher aquele caminho, pois sou um piolho como todos os outros. Ele estava zombando de mim e aqui estou eu com vocês! Deem as boas-vindas a seu convidado! Se eu não fosse um piolho, teria vindo até vocês? Ouçam: quando fui ter com a velha, só fui para tentar... tenha certeza disso![34]

Raskolnikov é um "fracassado", um piolho, uma criatura trêmula, incapaz de ultrapassar o limite além do qual o homem se torna Deus. Ainda carrega o "fardo" de sua consciência. A culpa o consome a tal ponto que por diversas vezes pensa em cometer suicídio, até que finalmente se entrega à polícia porque é um covarde, um tolo.

---

33 Dostoiévski, *Os demônios*, parte 5, capítulo 4.
34 Dostoiévski, *Os demônios*, parte 5, capítulo 4.

Piotr Verkhovensy, em *Os demônios*, diferentemente de Raskolnikov, encarna o homem-deus. Para Dostoiévski, o reino do homem-deus é o reino da revolução que se aproxima:

> "Ouçam. Vamos fazer uma revolução", Piotr Verkhovensky murmurou rapidamente, quase delirando... "Vamos fazer tamanha revolta que toda a ordem das coisas e seus fundamentos serão abalados... Todos os membros da sociedade vigiam uns aos outros, e têm o dever de informar. Todos pertencem a todos, e todos a todo mundo... A igualdade deve reinar em um rebanho... Vamos sufocar os gênios no berço... Escravos devem ter senhores... Obediência absoluta, impessoalidade absoluta; mas uma vez a cada trinta anos, repentinamente todos eles começarão a se devorar uns aos outros... unicamente com o propósito de não se entediarem... Por todo lado, uma vaidade sem medida, um apetite bestial sem precedentes... uma depravação sem igual, vil, imunda... Será uma reviravolta que o mundo jamais viu. Nisto haverá uma força, uma força incrível! Tudo de que precisamos é uma alavanca para erguer a terra. Tudo se erguerá. E o mar subirá, e toda a estrutura frágil cairá por terra e então haveremos de considerar a construção de um edifício de pedra. Pela primeira vez! Seremos *nós* que construiremos, nós, e apenas nós!".[35]

O homem-deus não hesita. Não tem dúvidas ou remorsos. Ele tem o poder de fazer qualquer coisa, até mesmo o inimaginável. Apenas dez anos depois do lançamento de *Os demônios*, Nietzsche, em seu *Zaratustra*, elaborou a figura do super-homem, cujos traços fundamentais assemelham-se visivelmente aos do homem-deus de Dostoiévski.

---

35 Dostoiévski, *Os demônios*, parte 2, cap. 8.

O "Grande Inquisidor": O fracasso do humanismo ateu

O ápice da obra de Dostoiévski é "A lenda do Grande Inquisidor", nos *Irmãos Karamázov*. Certamente é uma das obras mais geniais da literatura mundial, e sua profundidade filosófica é notável.

A história, que Ivan Karamázov criou e contou para seu irmão Aliócha, se passa no século XV, em Sevilha. Ivan imagina que Jesus voltou à Terra para ver de perto a Inquisição Espanhola — um episódio na história que dificilmente estaria de acordo com o ensinamento de Cristo. O Grande Inquisidor o acorrenta e o condena à morte:

> "Amanhã, queimar-te-ei na fogueira... Não foste tu que disseste tantas vezes naquela época 'Quero vos libertar'? Bem, viste-os hoje, esses homens 'livres'... Sim, esse assunto nos custou muito caro... mas, finalmente o encerramos... Por quinze séculos nos torturamos com essa liberdade, mas agora acabou, e mais do que isso... Saiba que agora, sim, neste exato momento, quando estas pessoas livremente nos ofereceram sua liberdade e servilmente a colocaram a nossos pés, que estão mais seguros do que nunca de estarem plenamente livres.... Nada, jamais, quer para a sociedade humana ou ao homem, foi mais insuportável do que a liberdade!... Eles sabem que nunca podem ser livres, pois são fracos, perniciosos, rebeldes... Mas apenas quem apazigua as consciências pode tomar posse da liberdade dos homens..."
>
> O Inquisidor permanece em silêncio; espera seu prisioneiro responder. Seu silêncio o oprime. Vê que o prisioneiro ouviu calado e sério, olhando-o diretamente nos olhos, sem querer dizer nada em resposta. O velho queria que o prisioneiro dissesse

algo, ainda que fosse terrível ou amargo. Mas Ele, de repente, aproxima-se do velho, e, sem dizer nada, beija seus lábios pálidos e nonagenários. Eis toda a sua resposta. O velho estremece... O beijo aqueceu seu coração.[36]

O Grande Inquisidor é uma figura trágica. Deu sua vida ao serviço de Cristo, mas no fim de seus dias perdeu a fé. Acusa Cristo de ter superestimado as habilidades do homem, e assim, tê-lo tornado miserável. O Grande Inquisidor enfurece-se contra Cristo em nome do próprio mandamento de Cristo de amar ao próximo. O Grande Inquisidor viola satanicamente o mandamento de amar a Deus, mas fanaticamente exige a observância de amar ao próximo. Para o Grande Inquisidor, amar ao próximo significa "libertá-lo" do peso insuportável da consciência, da dignidade, da liberdade, e da responsabilidade. Em suma, é libertá-lo de sua humanidade, de tudo que nele é humano!

O Grande Inquisidor está indignado com o elitismo da religião de Cristo: "Você amaria apenas as dezenas de milhares de grandes e fortes, enquanto a ampla maioria, que é fraca mas te ama, deve existir somente por causa dos grandes e fortes? Não, amamos os fracos também".[37]

Após perder a fé em Deus, o Inquisidor perde de vez a fé no homem. Ele não lhe exige nada e justifica

---

36 Dostoiévski, *Os irmãos Karamázov*, livro 5, capítulo 5.
37 Dostoiévski, *Os irmãos Karamázov*, livro 5, capítulo 5.

todos os seus pecados. A fim de tornar o homem feliz — pois é um filantropo — despe-os de toda a humanidade. Ele ama os homens como alguém ama um bicho de estimação. Seu amor pela humanidade é dissimulado.

A lenda do Grande Inquisidor é uma crítica irrefutável ao humanismo ateu — se alguém não acredita em Deus e na imortalidade da alma, a única maneira de amar a humanidade é tornando-a um rebanho bovino; a única maneira de amar o mundo é transformando-o numa fazenda de engorda.

Se os "demônios", a quem tudo é permitido, são os protótipos do super-homem nietzschiano, que não tem outro objetivo senão alcançar e exercer poder, o "Grande Inquisidor" de Ivan Karamázov é encorajado pelas "boas" intenções. Ele tem a aparência de bondade, ele seduz. Ao contrário dos "demônios", o "Grande Inquisidor" não é cínico. É hipócrita: em nome do amor, despreza o amor; em nome da humanidade, corrompe a humanidade. Ele é o Anticristo, o falso Cristo, aquele que vem sob o pretexto de "corrigir" a obra de Cristo.

Por meio dessa lenda, Dostoiévski pode finalmente exprimir o que escrevera ao longo de toda a sua vida: nossa liberdade não pode ser separada da fé em Deus; a liberdade é apenas a imagem de Deus em nós. Na ausência da fé em Deus, há somente despotismo e escravidão no reino do Anticristo.

Como Aliócha diz a Ivan, seu "poema é um louvor a Jesus, e não uma crítica a Ele".[38] O silêncio de Cristo, o beijo que deposita nos lábios mortos do Grande Inquisidor são a glorificação de Cristo. Cristo é o libertador do homem. O cristianismo é a religião da liberdade espiritual.

VIVER, SEGUNDO DOSTOIÉVSKI

Viver, segundo Dostoiévski, é descobrir em nossas quedas pessoais a face de Cristo — radiante, misericordiosa, profundamente humana — para descobrir nossa dignidade, nos purificar e nos salvar por meio do sofrimento e da penitência.

Viver, segundo Dostoiévski, é ser um apaixonado sem medida pelo homem, por sua dignidade, sua liberdade e sua alma imortal. Significa querer salvaguardar essa dignidade num mundo que a despreza.

Viver, segundo Dostoiévski, é afirmar a liberdade como a imagem de Deus no homem. É recusar-se a desistir de nossa liberdade em troca de segurança e conforto material. É recusar-se a fazer parte do rebanho.

Viver, segundo Dostoiévski, é descobrir o espírito do Grande Inquisidor naqueles que alegam amar o

---

38 Dostoiévski, *Os irmãos Karamázov*, livro 5, capítulo 5.

homem e suas fraquezas, mas justificam todo tipo de pecado e, assim, tornam supérfluos o perdão e a misericórdia de Deus.

A vida coesa de Vladimir Soloviev
(1853–1900)

Vladimir Soloviev nasceu em Moscou, dia 28 de janeiro de 1853. Seu pai, Sergei, foi um dos mais conhecidos historiadores russos. Polyxena, sua mãe, pertencia à antiga família dos Romanov, de origem polonesa e cossaca; entre seus ancestrais estava o célebre filósofo ucraniano Grigori Skovoroda, o "primeiro filósofo do Império Russo", como é frequentemente chamado.

Sergei e Polyxena tiveram doze filhos, dos quais Vladimir foi o quarto. Quatro dos filhos morreram na infância.

Certo dia, quando Vladimir tinha oito anos, seu avô, Mikhail Soloviev, um padre ortodoxo, levou-o ao coro de sua igreja e o convidou a se ajoelhar no altar. Ele o abençoou e pediu a Deus que conduzisse o menino no serviço do Senhor. Mikhail morreu poucos meses depois. Vladimir dedicaria seu tratado de filosofia moral — *A justificação do bem* — a ele.

O jovem Vladimir tinha a devoção religiosa do avô, a inteligência e a força de vontade do pai, e a profunda sensibilidade da mãe.

Aos treze anos, Soloviev abandonou a religião de sua infância. Ele escreveu:

> A minha evolução intelectual livre e autônoma começou aos treze anos de idade com o ceticismo religioso. Minha jornada espiritual foi infeliz, mas coerente. Ao longo de quatro anos, experimentei todas as fases do pensamento europeu dos últimos quatro séculos: dúvidas a respeito da necessidade de manifestações exteriores da religiosidade, iconoclastia, racionalismo, rejeição dos milagres e da divindade de Cristo. Eu era um deísta, depois fui panteísta, e finalmente me tornei ateu e materialista. Parei por um longo tempo em cada um desses estágios e cedi à paixão e ao fanatismo.[1]

Aos dezesseis anos, Soloviev concluiu o ensino secundário com as mais altas honrarias. Em consonância com a vontade de seu pai, matriculou-se na faculdade de história da Universidade de Moscou, mas logo pediu transferência para a seção de Ciências Naturais da faculdade de física e matemática.

"Comecei meus anos de estudo superior tendo uma visão profundamente negativa da religião", ele escreveu. "Eu procurava algo novo. O que me interessava nas ciências naturais, às quais pensei que me dedicaria, era seu escopo filosófico, e não seu conteúdo prático".[2]

Em seus primeiros anos na universidade, Soloviev ficou fascinado com as ideias de Schopenhauer. Aceitou

---

[1] S. Soloviev, C. *Vladimir Soloviev: Sua vida e evolução criativa* (1977), p. 58, tradução do russo.

[2] S. Soloviev, C. *Vladimir Soloviev: Sua vida e evolução criativa* (1977), p. 90, tradução do russo.

seu pessimismo sem limites (o mundo é governado por uma vontade aterrorizante e arbitrária) e sua esperança de superar o sofrimento por meio do nirvana. O ascetismo de Schopenhauer foi, para Soloviev, uma preparação para o ascetismo do Evangelho.

Depois de estudar ciências naturais por três anos, saiu da faculdade de física e matemática para retornar ao curso de história como ouvinte. Foi nessa época que começou a desenvolver uma paixão pelo espiritismo, que abandonou assim que reconheceu a verdade do cristianismo.

Aos dezenove anos, mudou-se para Sergiev Posad (o centro religioso da Rússia, 72 quilômetros a nordeste de Moscou), onde estudou por um ano filosofia e teologia na Academia Espiritual. Ali, rodeado por padres gregos e filósofos alemães, floresceu seu amor por Katya Romanov, sua prima dois anos mais nova. Mas essa união amorosa estava fadada ao fracasso: Vladimir via o casamento como negação de si e sacrifício, algo que Katya não estava disposta a aceitar.

Na leitura das cartas que escreveu a Katya, percebe-se que Soloviev, com apenas dezenove anos, já tinha uma visão extremamente precisa de sua missão vital: criar um sistema filosófico que tornaria possível entender a fé cristã em um contexto moderno, dar à teologia uma base filosófica que pudesse ser compreendida pelo homem moderno.

Soloviev não aspirava à vida monástica. "A vida monástica", escreveu, "teve, outrora, um grande peso, mas chegou o momento não de fugir do mundo, e sim adentrar nele e transformá-lo".³

Aos 21 anos, em São Petersburgo, Soloviev defendeu sua dissertação de mestrado sobre a crise da filosofia ocidental. Foi um sucesso total. Foi nomeado conferencista da Universidade de Moscou.

Tornou-se amigo do professor Pamphil Yurkevich, que exerceu grande influência sobre ele. Tal como os autores bíblicos, Yurkevich via o coração como o centro da personalidade. Queixava-se do intelectualismo moderno, que considera o "pensamento" como o centro da alma. A essência do homem, Yurkevich acreditava, não é o pensamento, mas a vida do coração, seus sentimentos imediatos e profundos. A vida espiritual nasce na escuridão do coração antes de tomar forma na luz da razão. A inteligência é o ápice, e não a fonte, da vida espiritual.

Aos 22 anos, Soloviev foi enviado a uma missão de pesquisa no exterior. Visitou a Inglaterra, o Egito, a Itália e a França. Na Inglaterra, familiarizou-se com doutrinas místicas (a teologia de Jacob Böhme e a cabala judaica, especificamente).

Primeiramente no Museu Britânico e em seguida no deserto egípcio, teve experiências místicas que serviriam como ponto de partida para sua filosofia: "Vi tudo, e

---

3 S. Soloviev, C. *Vladimir Soloviev: sua vida e evolução criativa* (1977), p. 120, tradução do russo.

tudo que vi foi um".⁴ A *sophia* (sabedoria), esse ser misterioso que encarna a unitotalidade do espaço e do tempo — um conceito intimamente associado a Soloviev — e que se manifestou a ele, tornou-se o tema central de seu pensamento.

Dessa viagem, só se recordará do Museu Britânico e do deserto egípcio. "Nunca mais viajarei de novo",⁵ escreveu ao pai quando estava em Paris. Só saiu da Rússia novamente dez anos depois, em 1886.

Soloviev voltou a Moscou como um eslavófilo convicto. Em seu pequeno discurso "Três forças", proferido em uma reunião da Sociedade dos Amantes da Literatura Russa, apresentou seu credo: o oriente, que proclama uma divindade destituída de humanidade, é o portador da primeira força; o ocidente, que proclama uma humanidade destituída de divindade, é o portador da segunda força; o mundo eslavo e a Rússia são os portadores da terceira força, que é tanto humana quanto divina.

> O que o nosso povo supõe ser a aparência de um escravo e o estado miserável da economia russa não contradizem sua vocação, mas a confirmam. Pois esse poder superior, ao qual o povo russo é chamado a injetar na humanidade, não provém deste mundo. Aqui, a riqueza material não serve de nada.⁶

---

4 V. Soloviev, "Three Encounters," trad. Judith Deutsch Kornblatt, in *Sophia divina: Os escritos de Vladmir Solovyov*, ed. Judith Deutsch Kornblatt. Ithaca, Cornell University Press, 2009, p. 271.
5 V. Soloviev, C. *Vladimir Solovyov: Sua vida e evolução criativa* (1977), pp. 100 ss.
6 V. Soloviev, *Três forças* (1877).

Aos 24 anos, não desejando tomar partido num conflito entre professores, Soloviev renunciou à cátedra na Universidade de Moscou. Mudou-se para São Petersburgo para se tornar membro do Comitê Científico do Ministério da Educação e lecionou na principal universidade da cidade. Conheceu Dostoiévski, 32 anos mais velho, e logo se tornaram amigos. Pouco tempo depois, peregrinaram juntos ao Mosteiro de Optina, um dos centros espirituais mais importantes da Rússia do século XIX, situado 250 quilômetros a sudoeste de Moscou.

Em 1877, Soloviev conheceu Sophie Khitrovo, que se tornou sua musa. Em 1896, após Sophie enviuvar, Soloviev propôs-lhe casamento. Ela recusou.

Em 1878, Soloviev proferiu suas famosas Palestras sobre Deus que se fez homem.

A morte de seu pai, em 1879, afetou-o profundamente. Sua devoção tornou-se mais forte.

Em 1880, defendeu sua tese de doutorado "A crítica dos princípios abstratos" na Universidade de São Petersburgo. "Os princípios abstratos" são ideias incompletas separadas do todo e isoladas da "unitotalidade". Soloviev buscou reincorporar esses princípios, que em si próprios carregam uma certa verdade, num todo unitário. Ele queria trabalhar pelo retorno desses princípios à unidade viva.

Um tal de Mikhail Vladislavtsev, professor muito influente na época, desprezava explicitamente Soloviev, e, por isso, Soloviev não obteve o título de professor--orientador, permanecendo como palestrante.

Dostoiévski faleceu em 9 de fevereiro de 1881, aos 59 anos de idade. Um mês depois, o Czar Alexandre II foi assassinado por revolucionários. Em 28 de março de 1881, Soloviev apelou ao sucessor, o Czar Alexandre III, que perdoasse os assassinos em nome da misericórdia cristã. A resposta do governo foi imediata: Soloviev foi proibido de lecionar.

Em 1882, Soloviev desistiu até mesmo das aulas particulares. Ele tinha 29 anos de idade. Assim conclui-se o primeiro período da vida do filósofo: especulativo e experimental em sua busca pela verdade, combinado à adesão de uma visão de mundo eslavófila e sua luta contra o racionalismo, o materialismo, o positivismo e o ateísmo. Inicia-se um novo período que é mais prático, mais jornalístico, e, acima de tudo, mais universal: Soloviev atacou frontalmente o nacionalismo, rompeu com os eslavófilos, aproximou-se do catolicismo, e atuou ativamente pela unidade cristã.

Unidade, amor, comunhão... Em tudo procurou alcançar uma síntese: uma síntese do humano e do divino, do espiritual e do material; uma síntese do Oriente e do Ocidente, da Rússia e da Europa, da ortodoxia e do catolicismo. Se Dostoiévski era uma mente essencialmente analítica, Soloviev era uma mente fundamentalmente sintética. De acordo com o teólogo católico Hans Urs von Balthasar, ninguém, desde Tomás de Aquino, teve a mente tão brilhantemente sintética.⁷

A partir de 1886, Soloviev retomou suas viagens, visitando Zagreb, Paris, Escócia e Egito.

Em 1891, a publicação de suas obras foi proibida na Rússia. *A Rússia e a Igreja Universal* (uma obra apologética em defesa da primazia do apóstolo Pedro e de seu sucessor, o Bispo de Roma) foi publicada em francês, em Paris.

Na década de 1890, Soloviev regressou à filosofia teorética (*Beleza na natureza*; *O sentido do amor*, *A justificação do bem*).

Em 1894, na Finlândia, onde morou, Soloviev teve a premonição de um cataclismo mundial: "A voz insistente reverbera, sem censura, no silêncio: o fim está próximo, o inesperado está prestes a acontecer".⁸

Ele era assombrado por visões sombrias. Frequentemente via o demônio. No verão de 1897, escreveu a seu amigo Velichko: "Há confusão, meus sonhos não são mais os mesmos, algo está se tramando, alguém está vindo".⁹

O advento do Anticristo já estava há muito tempo na mente de Soloviev: na infância, mortificou o corpo

---

7   H. Urs von Balthasar, *A glória do Senhor: uma estética teológica*, 1962, vol. 2, parte 2.
8   V. Soloviev, "O sonho acordado", janeiro, 1895.
9   L. V. Shaposhnikova, "O surgimento do cavaleiro errante".

a fim de fortalecer a vontade, em antecipação aos tormentos que o Anticristo infligiria aos cristãos.

Na primavera de 1899, Soloviev escreveu *Três conversas acerca da guerra, do progresso, e o do fim da história humana*. O livro termina com a famosa "Breve história do Anticristo", no qual o autor declara que o século XX será a "época das últimas grandes guerras e revoluções" e anuncia a chegada, nos "Estados Unidos da Europa", no século XXI, de um "homem notável" que escreverá um livro defendendo valores profundamente cristãos, mas não mencionará em lugar algum o nome de Cristo.[10] O livro será um sucesso retumbante. O "homem notável", obviamente, é o Anticristo, com seu plano de subordinar o cristianismo ao humanismo secular. A "Breve história do Anticristo" viria a ser, posteriormente, uma das leituras preferidas dos Papas João Paulo II e Bento XVI.

No verão de 1900, Soloviev viajou a Moscou para ver a publicação de sua tradução das obras de Platão. Em 15 de julho — festa de São Vladimir, o Grande, seu onomástico — adoeceu. Sofria dos efeitos de arteriosclerose e cirrose hepática, mas o filósofo foi acometido por uma nova doença inexplicável, que o levou ao leito de morte. Soloviev tinha certeza de que sua doença era um castigo do diabo por ter escrito *A breve história do Anticristo*. Ele tinha apenas 47 anos de idade.

---

10 V. Soloviev, "O conto do Anticristo".

Encontrou abrigo na propriedade ocupada por seu pupilo e amigo Sergei Trubetskoy, professor da Universidade de Moscou. Confessou seus pecados e recebeu a Comunhão. Em seguida, implorou à mulher de Trubetskoy: "Mantenha-me acordado, force-me a rezar pelo povo judeu. Eu tenho que rezar por eles". E recitou salmos em hebraico em voz alta.

Em 13 de agosto de 1990, faleceu, após pronunciar suas últimas palavras: "A obra de Deus é dura!"[11] Está sepultado no cemitério do mosteiro de Novodevichy, em Moscou, próximo ao túmulo de seu pai, Sergei.

A personalidade de Soloviev

Josip Strossmayer, bispo católico croata e amigo de Soloviev, numa carta de 1886 endereçada a Serafino Vannutelli, núncio apostólico em Viena, declarou: "Soloviev é uma alma pura, piedosa e verdadeiramente santa".[12]

Apesar de ter assimilado a filosofia alemã, a teologia cristã, e a cabala judaica aos 23 anos, e de ter defendido brilhantemente sua dissertação de mestrado, Soloviev não sucumbiu à vaidade:

---

11 Soloviev, C. *Vladimir Soloviev: vida e evolução criativa* (1977), p. 210.
12 Em latim: "*Solovief anima candida, pia ac vere santa est*". Soloviev, C. *Vladimir Soloviev: vida e evolução criativa* (1977), p. 105.

No barro seco recebi
semente da verdade em mim
que rebentou e eu depressa
ceifei primeira messe enfim
mas não fui eu que a fiz crescer
não rego, não faço chover
o ar fresco não soprei ali
e ardentes raios não movi
de modo algum! Em meio a cardos
e espinheiras no relvado
pisei a semente do Céu,
e junto ao joio que se ergueu,
que é pleno de ambições chãs
e de ganância tão mundana,
Eu sufoquei, eu esganei
A tal semente suplantei.[13]

Soloviev não era um filósofo de gabinete. Era um homem de ação plenamente consciente das dores e necessidades de seu tempo. Um cidadão, no sentido mais lato do termo, que constantemente se preocupava com questões de justiça prática. Interessava-se por tudo e escrevia sobre tudo. Era um homem universal. Se a justiça é a virtude da universalidade, como os gregos antigos nos ensinaram, afirmamos, com o poeta Vyacheslav Ivanov, que "a justiça era a virtude especial de Soloviev, o homem de ação, e de Soloviev, o filósofo. A justiça que Soloviev praticava era marcada por uma atenção devotada a tudo, uma alegre compreensão de toda a realidade".[14]

---

13 Soloviev, C. *Vladimir Soloviev: vida e evolução criativa* (1977), p. 150.
14 V. Ivanov, B. *Da importância de V. Soloviev no destino de nossa consciência religiosa* (1911), p. 130.

Poderíamos escrever um tratado sobre a fortaleza de Soloviev. Ninguém duvidou de sua coragem quando, na dissertação de mestrado, atacou o positivismo, a religião dos intelectuais de sua época. Os eslavófilos o apoiaram, a princípio, mas logo o abandonaram: não podiam perdoar sua crítica mordaz ao nacionalismo, suas aspirações a um cristianismo universal, ou suas tentativas de explicar a doutrina cristã por meio de novos conceitos filosóficos adaptados às necessidades do mundo moderno. "Soloviev", escreveu o filósofo e teólogo Sergei Bulgakov, "levantou sua bandeira alta e com ousadia, quando se era necessário um verdadeiro heroísmo para agir assim. O valente cruzado não encontrou compaixão em nenhum dos dois campos que dividiam a sociedade da época".[15]

Na década de 1880, Soloviev estava sozinho, abandonado por todos. Em um de seus poemas de 1882, com temática natalina, encontramos o seguinte verso: "Pobre criança, entre dois campos inimigos, para Ti não há abrigo".[16]

Os golpes desferidos pelo Estado russo não o tornaram amargo, mas conflagraram um zelo combativo. Em 1886, escreveu a sua irmã Nadia: "Devo andar diante

---

15 S. Bulgakov. *A contribuição da filosofia de V. Soloviev à consciência moderna* (1903), p. 150.
16 V. Soloviev, "Compilação de poemas": Lib.ru Classic, julho de 2007.

do Senhor, e não me pavonear com as patas traseiras diante da multidão".¹⁷

Para Soloviev, Cristo é o coração de sua doutrina e de sua vida. Em suas *Palestras sobre Deus que se fez homem* (1877–1881), escreveu: "A originalidade do cristianismo não está em seu conteúdo especulativo, mas em sua encarnação pessoal [...]. O conteúdo do cristianismo é Cristo, única e exclusivamente Cristo. No cristianismo como tal, encontramos Cristo e apenas Cristo."¹⁸

Em 1884, Soloviev publicou *Os fundamentos espirituais da vida*. Este livro, que trata de importantes temas cristãos, tais como a oração, o sacrifício, a caridade, os sacramentos, a Igreja, o Estado e a sociedade, termina com um breve ensaio intitulado "A figura de Cristo como exame de consciência". Nesse texto, Soloviev dá conselhos ao leitor: antes de qualquer ação importante, lembre-se de Cristo, contemple-O, e se pergunte: Ele teria agido desta forma? — Todos deveriam fazer esse exame de consciência; ninguém ficará decepcionado. Em caso de dúvida, lembre-se de Cristo, imagine-O vivo, tal como Ele está, e coloque-O no lugar do fardo de suas dúvidas.

Sob a influência de Soloviev, uma parte muito importante da *intelligentsia* russa abandonou o marxismo e

---

17   17. Soloviev, C. *Vladimir Soloviev: vida e evolução criativa* (1977), p. 128.
18   V. Soloviev, *Palestras sobre Deus que se fez homem* (1877–1881), palestra 5.

aderiu ao cristianismo, o que serviu de ponto de partida para o renascimento filosófico e religioso do princípio do século xx.[19] Vyacheslav Ivanov, que poucos anos depois, durante sua emigração, viria a cunhar a bela frase "os dois pulmões do cristianismo" (referindo-se ao Oriente e ao Ocidente), nunca se esqueceria de seu último encontro com Soloviev. Foi um ponto de virada decisivo para ele, que marcou seu retorno à Igreja de Cristo. "Só Deus sabe", escreve o teólogo Mikhail Aksionov-Meerson, "quantas pessoas devem sua conversão a Soloviev. Só Deus sabe quantos ele levou a Cristo por meio de sua pena e de seu testemunho de vida, e quantos mais levará".[20]

A experiência mística de Soloviev

As experiências místicas de Soloviev levaram-no a conceber o universo como um organismo vivo, cuja unidade é assegurada por uma criatura invisível a que chamou de *sophia* — sabedoria.

Na tradição patrística grega, *sophia* é a Palavra de Deus, a Segunda Pessoa da Santíssima Trindade, a Sabedoria incriada. O Livro de Provérbios, contudo,

---

19 O Renascimento Religioso Russo foi o período que durou aproximadamente de 1880 a 1950 e que testemunhou uma grande efusão criativa da filosofia, teologia, e espiritualidade russas. O termo é derivado do título de um livro de 1963, de Nicholas Zernov (*O Renascimento Religioso Russo do século xx*).
20 M. Meerson-Aksenov, Soloviev hoje, p. 140.

nos fala de uma sabedoria Incriada, mediadora da Criação:

> ²² O Senhor me criou, como primícia de suas obras, desde o princípio, antes do começo da Terra.
> ²³ Desde a eternidade fui formada, antes de suas obras dos tempos antigos.
> ²⁷ Quando ele preparava os céus, ali estava eu; quando traçou o horizonte na superfície do abismo,
> ³⁰ junto a ele estava eu como artífice, brincando todo o tempo diante dele.²¹

Esta medianeira da Criação é tradicionalmente percebida como um princípio feminino. Esse "eterno feminino" (para usar a expressão de Goethe) está personificado de maneira específica na Mãe de Deus. A sofiologia está intimamente ligada à mariologia. Se, em Constantinopla, a Igreja de Hagia Sofia é dedicada a Cristo, na Rússia, a festa das igrejas dedicadas à Sofia é celebrada nas festas litúrgicas da Mãe de Deus (em Kiev, na festa da Natividade de Maria; em Novgorod e em outros lugares, na festa da Dormição).

"A figura da sabedoria (Sofia) derivou provavelmente dos protótipos egípcios e, em seguida, adaptado às crenças de Israel", escreve Joseph Ratzinger:

> A sabedoria aparece como medianeira da criação e da história da salvação, como a primeira criatura de Deus, na qual se exprimem a forma pura e primordial de sua vontade criativa e também a

---

21 Provérbios 8,22–23, 27, 30.

resposta pura, que ele descobre. ... A criação responde, e a resposta está tão perto de Deus quanto um amigo de infância, quanto alguém que ama... [a relação entre os livros da Sabedoria e Maria] foi duramente criticada pelo movimento litúrgico deste século... Argumentou-se que estes textos só podem e devem permitir uma interpretação cristológica. Após anos de concordância sincera com essa última visão, para mim está mais claro do que nunca que ela, na verdade, avalia mal o que é mais característico nesses textos de Sabedoria... Tanto em hebraico quanto em grego, "sabedoria" é um substantivo feminino... um substantivo feminino está ao lado da realidade que é representada pela mulher, pelo que é pura e simplesmente feminino. Significa a resposta que emerge do chamado divino da criação e da eleição. Expressa precisamente o seguinte: há uma resposta pura e o amor de Deus nela encontra sua morada irrevogável... *Sofia* se refere ao *logos*, ao Verbo que funda a sabedoria, e também à resposta feminina que recebe a sabedoria e a concretiza. A erradicação da interpretação Mariana da sofiologia deixa de fora, em última instância, toda uma dimensão do mistério bíblico e cristão... A figura da mulher... expressa a realidade da criação bem como a fecundidade da graça... Maria surge como síntese pessoal do princípio feminino... Negar ou rejeitar o aspecto feminino na crença, ou, mais concretamente, o aspecto mariano, leva, por mim, à negação da criação e à invalidação da graça.[22]

Sofia, como princípio feminino misteriosamente ligado à Criação do mundo e à Redenção da humanidade, não é um conceito esotérico, mas uma realidade cristã confirmada pelas Sagradas Escrituras e a mais sólida teologia.

Em seu poema autobiográfico "Três encontros", de 1898, escrito dois anos antes de sua morte, Soloviev

---

22 J. Ratzinger, *A filha de Sião: a devoção mariana na Igreja*, San Francisco: Ignatius, 1983, pp. 25–28.

relata o que chama de "encontros" com Sofia. Essas experiências místicas são, em suas próprias palavras, "os momentos mais significativos de minha vida".[23] Analisemos o poema.

Aos nove anos de idade, o pequeno Vladimir se apaixona por uma menina, que, para a infelicidade dele, gostava de outro garoto. Isto levou a um drama infantil repleto de todas as reviravoltas de uma grande paixão (ele até mesmo "desafiou" seu rival para um duelo), mas também levou ao "primeiro encontro" com a Amiga celestial, Sophia. Na Festa da Ascensão de 1862, na igreja, quando o coro entoou o Hino do Querubim, ela surgiu. O fluxo de paixões instantaneamente esmaeceu na alma do menino:

> O azul-celeste a meu redor,
> Azul, a alma absorta em cor
> Azul dourada de esplendor,
> Em tuas mãos eu vi uma flor —
> A flor de um mundo exterior —
> Tu te quedavas com o fulgor
> de teu sorriso abrasador
> E acenaste a meu dispor
> Porém na bruma, no torpor,
> Tu desvaneces no vapor

---

23 Soloviev, "nota do autor" concluindo os "Três encontros", trad. Judith Deutsch Kornblatt, in *Sofia Divina*, p. 272.

O "segundo encontro" ocorreu treze anos depois — Soloviev tinha 22 anos — na sala de leitura do Museu Britânico:

> E o azul dourado de repente
> Preenche tudo em minha frente
> E ali de novo resplendente
> Sua face vi — oh tão somente.
> E digo: é o rosto simplesmente
> O que aparece aqui — silente —
> Mas meu desejo aparente
> É te mirar inteiramente
> "Já ao Egito", interiormente
> Gritou-me a voz dentro da mente.

O "terceiro encontro" ocorreu pouco depois, no deserto egípcio:

> E na púrpura do esplendor do céu,
> Com os olhos cheios de um fogo azul,
> Em ti o primeiro resplendor se deu
> Da criação do dia universal.
> O que é, será, e que aconteceu
> Estava cingido a fitar imóvel...
> Vi tudo, e era uno o que apareceu.
> A imagem do belo, a mulher inefável
> Uma imagem de todo o belo feminino.
> O imensurável englobando a soma.
> Diante de mim, em mim, só tu estavas.
> Ó mulher radiante! Eu não me engano:
> No deserto, sim lá, eu vi-te toda...
> Essas rosas não murcham em minh' alma
> Não importa aonde a vida me leve.[24]

---

24 Soloviev, "Três encontros," tradução de Judith Deutsch Kornblatt, em *Sofa Divina*, pp. 270–271, com algumas alterações feitas pelo autor.

Três vezes na vida, o jovem Soloviev sentiu a proximidade da Sofia, que personificava, para ele, a unitotalidade: "Vi tudo, e era uno o que apareceu. Uma imagem de toda a beleza feminina".

A Sofia, de Soloviev, de acordo com um estudioso de seu pensamento,

> é um ser individual, concreto, vivo, quase tangível e, em todo caso, acessível à visão, um ser divino-humano, humano em forma feminina, um ser próximo e condescendente acessível em comunhão intelectual, pessoal, e direta, compreensivo e que dirige a palavra; um ser que ajuda e orienta na vida; um ser, enfim, que é amado com um amor vivo e ardente, certamente sublimado e purificado de toda sensualidade, mas, no entanto, consciente de ser direcionado a um ser feminino que o aceita, talvez o responda e o recompense, em todo caso, ao revelar sua beleza, que nunca é uma beleza abstrata.[25]

O pensamento filosófico de Soloviev é baseado em uma experiência mística pessoal. Para ele, a unitotalidade não é uma ideia abstrata, mas uma realidade vivida. Soloviev herdou de sua mãe uma sensibilidade excepcional: ele sentia profundamente a unidade do mundo criado. Por meio de seu coração, percebeu "o primeiro resplendor do dia universal dos dias da criação", a sabedoria criada unificando em si todas as partes do cosmos".

"Os galhos da árvore", escreve, "cruzam-se, se misturam e se tocam... Assim é o conhecimento externo;

---

25 A. Kojevnikoff, "A metafísica religiosa de Vladmir Soloviev", *Revue d'histoire et de philosophie religieuses* 15, nn. 1–2 (janeiro-abril de 1935), pp. 110–152.

mas estes mesmos galhos também se comunicam por meio do tronco e de suas raízes, das quais recebem a vida. Assim é o conhecimento místico".[26]

Soloviev é um filósofo religioso no sentido de que a experiência mística é a base de seu sistema filosófico. A intuição mística da unitotalidade que sua poesia nos transmite produz as ideias racionais de sua filosofia. Para Soloviev, o misticismo do coração, incapaz de traduzir seus movimentos íntimos em conceitos abstratos, sólidos, e científicos — em alimento para a inteligência — contradiz a própria natureza da mente humana.[27]

O misticismo mais profundo coexiste com a racionalidade mais elevada. Sua sofiologia, tal como a expõe, é, contudo, extremamente complicada e confusa. Alguns especialistas alegam encontrar contradições. Deve-se ter em mente, no entanto, que não são falhas na exposição de sua ideia, mas dificuldades inerentes à ideia em si. De todo modo, uma exposição profunda de sua sofiologia está além do âmbito deste livro.

A filosofia da unitotalidade

Para Soloviev, a unitotalidade do universo está comprometida pelo pecado original. O universo já não é

---

26 V. Soloviev, B. *Obras reunidas*, São Petersburgo, 1901–1903, vol. 2, p. 314, tradução do russo.
27 Soloviev, B. *Obras reunidas*, vol. 1, p. 186.

mais o cosmos (a ordem), mas o caos, cujos elementos separados e isolados, no entanto, continuam a aspirar à unidade. A unitotalidade (unidade na multiplicidade) é um longo processo de recapitulação e reunificação. É também o objetivo da história universal.

Nicolas Berdyaev escreve: "Para Soloviev",

> ao se afastar de Deus, o mundo se desintegra, se divide em partes inimigas. A autoafirmação egoísta e a consequente alienação são os sinais mais claros da queda do homem e do mundo. Mas cada parte separada do centro contém dentro de si uma parte da verdade, uma verdade parcial. Reunir essas partes, submetendo-as a Deus, é alcançar a unitotalidade.[28]

Soloviev chama de princípios abstratos as ideias específicas que egoisticamente se afirmam em suas especificidades. Essas ideias são falsas, mas contêm verdades importantes que não devem ser negadas, e sim complementadas por outras verdades não menos importantes.

Soloviev, por exemplo, reconhece em cada sistema filosófico uma verdade parcial, que deve ser inteirada por outras verdades que a verdade parcial desconhece.

Assim, o humanismo ateu é um erro (a negação de Deus) que contém uma verdade parcial (a fé na humanidade). A fim de superar o humanismo ateu, é necessário elaborar uma doutrina na qual a fé na humanidade está enraizada na fé em Deus.

---

28 N. Berdiaev, H. *A ideia russa*, Paris, 1946.

Soloviev afirma que a verdade do naturalismo está em sua admiração pela natureza humana e suas capacidades elevadas; seu erro está em negar a existência do pecado original, da nossa tendência ao mal, e da necessidade da graça na salvação. Superar o naturalismo é afirmar com "otimismo realista" o potencial incrível da natureza humana sem, no entanto, fechar nos olhos às limitações causadas pela ferida original.

A verdade do liberalismo, por sua vez, está em exaltar a liberdade; seu erro é a indiferença à verdade. Superar o liberalismo é proclamar a liberdade numa busca constante pela verdade.

A verdade do socialismo está em enfatizar a natureza social do homem; seu erro está em negar a individualidade do homem. Superar o socialismo é concretizar uma política social que respeite a individualidade das pessoas.

A verdade do nacionalismo, ele continua, está em afirmar a especificidade e a missão própria de cada nação; seu erro está em negar a solidariedade da raça humana. Superar o nacionalismo é escolher o caminho de um patriotismo que contribua para o bem de toda a família humana.

Superar, de acordo com os princípios da dialética hegeliana, é chegar a uma síntese dos aspectos positivos tanto da tese quanto da antítese.

Soloviev aplica o princípio da unitotalidade à religião. Em seu Terceiro Discurso, em "Três Discursos sobre

Dostoiévski", proferido em 19 de fevereiro de 1883, afirma que os séculos de luta da Rússia com o Oriente não-cristão e o Oriente cristão serviram para construir um poderoso aparato estatal russo. Agora que a força física estatal é uma realidade inegável, a Rússia deve mostrar sua força espiritual trabalhando pela unidade da cristandade. A missão da Rússia é conseguir uma síntese entre a tese do chauvinismo nacional e sua antítese — o cosmopolitismo, o globalismo da época de Soloviev. É a afirmação da unidade religiosa na multiplicidade cultural.

Para Soloviev, a Providência Divina permitiu a separação entre a Igreja Ortodoxa e a Igreja Católica a fim de alcançar um bem maior: permitir que a Igreja de Cristo descobrisse em si mesma toda a riqueza humana e divina da Encarnação e da Redenção.

O Papa João Paulo II escreveu:

> Pois ao conhecimento humano e à ação humana, uma certa dialética está presente. Será que o Espírito Santo, em sua "condescendência" divina, não levou isso em consideração? É necessário que a humanidade alcance a unidade por meio da pluralidade, que aprenda a se reunir na única Igreja, mesmo apresentando uma pluralidade de formas de pensar e agir, de culturas e de civilizações. Tal forma de ver as coisas não seria, em certo sentido, mais consoante à vontade de Deus, à sua bondade e providência? No entanto, isso não pode ser uma justificativa para as divisões que continuam a aumentar! Que chegue o tempo para que o amor que nos une se manifeste![29]

---

29 João Paulo II, *Cruzando o limiar da esperança*. Nova York: Alfred A. Knopf, 1994, cap. 23, p. 153.

Vladimir Soloviev foi o primeiro — um século antes de João Paulo II — a propor a questão da unidade cristã em termos dialéticos; ou seja, em termos de unitotalidade.

A teologia do Deus feito Homem

A doutrina de Soloviev a respeito do Deus que se fez homem se refere à união sem confusão e sem separação das naturezas humana e divina de Jesus Cristo. Isso ecoa fielmente o Concílio de Calcedônia, de 451.

Na opinião de Soloviev, sem a Encarnação da Divindade na matéria, o mundo, tal como a humanidade, estaria desprovido de sentido. Soloviev está convencido de que Deus teria se tornado homem, ainda que o homem não houvesse pecado. Deus se fez carne por nós, homens, conforme afirmamos no Credo — e não apenas para a nossa salvação.

> A encarnação do Divino não é um milagre propriamente dito, i.e., não é algo estranho à ordem geral das coisas. Pelo contrário, é algo essencialmente relacionado a toda a história da humanidade, algo preparado por esta história, e que dela procede logicamente... A encarnação pessoal do Verbo em um homem individual é o último elo em uma longa série de outras encarnações, físicas e históricas. Essa manifestação de Deus em carne humana é a teofania mais perfeita e completa na linha de outras teofanias — incompletas, preparatórias e transformadoras. Deste ponto de vista, a aparição do homem espiritual, o nascimento do segundo Adão, não é menos compreensível do que a aparição do homem natural na Terra, o nascimento do primeiro Adão. Ambos são, de

certa forma, o fruto de um milagre. Mas esse novo evento sem precedentes foi preparado por tudo que o precedera — toda a natureza antecipou e aspirou à vinda do homem, toda a história da humanidade foi orientada em direção ao Deus-Homem... A encarnação da Divindade não apenas é possível — ela participa, essencialmente, no plano geral da criação.[30]

Afirmar que a Encarnação procede logicamente da história humana não é negar que tenha sido um ato completamente gratuito de Deus.

A Encarnação é o evento central do processo cósmico e histórico. A teandria — isto é, a união do divino e do humano (e, por meio dela, de toda a criação) — deve se concretizar na plenitude do espaço e do tempo. A Igreja, que é a "humanidade reunida a seu princípio divino por meio de Jesus Cristo",[31] é o instrumento privilegiado do processo teândrico. Tudo o que é terreno deve ser divinizado. O reino de Deus, para o qual a humanidade está batalhando para alcançar, é o resultado dessa divinização.

Se, de acordo com Soloviev, o cristianismo medieval respeitava pouco o princípio humano, a civilização contemporânea respeita pouco o princípio divino. No entanto, ao afirmar vigorosamente o princípio humano e tudo que dele procede (em especial os direitos humanos), o humanismo ateu participa ativamente, ainda que

---

30 Soloviev, *Palestras sobre Deus que se fez homem* (1877–1881), palestras 11 e 12.
31 Soloviev, *Palestras sobre Deus que se fez homem* (1877–1881), palestra 10.

inconscientemente, no processo teândrico e na promoção do cristianismo. A Igreja é o centro desse processo, mas ele abarca toda a história da humanidade, incluindo a das civilizações não-cristãs e anticristãs.

A essência do cristianismo, afirma Soloviev, é a transformação do mundo e da humanidade no espírito de Cristo. Essa transformação é um processo lento e complexo. O reino de Deus é a uma árvore que se desenvolve, um fruto que amadurece, uma massa que cresce.

A maioria dos primeiros cristãos acreditava que o reino de Deus era uma realidade material e iminente, o resultado de um milagre físico (o retorno de Cristo) que estava para acontecer em seus dias. Apesar do heroísmo de suas vidas, a visão que tinham do reino de Deus era fundamentalmente de "consolo".

Quando os pagãos se converteram ao cristianismo no século IV, o que os atraiu, sobretudo, foi a ideia da "salvação individual". O importante, para eles, era salvar as próprias almas e as almas dos outros, e não salvar a sociedade e o mundo cristianizando-os. Pelo contrário, fugiam do mundo e da sociedade. A pregação dos grandes santos e da Idade Média, especialmente no Oriente (com exceção de São João Crisóstomo e de alguns outros), quase nunca abordava a reforma de estruturas sociais.

Segundo Soloviev, parece, inclusive, que ao renunciar ao mundo estritamente concebido como sociedade os cristãos da Idade Média também renunciaram ao mundo entendido como o reino da matéria em sentido lato. O dualismo oriental (espiritualismo) voltou com força, incompatível com os próprios fundamentos do cristianismo, que é a religião da Encarnação e da ressurreição da carne.

De onde veio, então, todo o progresso social dos séculos anteriores até os nossos dias? Poucos que lutaram pelo progresso se consideravam cristãos. Se podemos dizer que os cristãos "nominais" traíram a obra de Cristo, por que não podemos dizer que não-cristãos "nominais" (os jacobinos franceses, por exemplo) a serviram? A abolição da tortura, da servidão, da perseguição dos hereges — tudo isso parece ser obra de pessoas que não creem. É bem possível que nossos engenheiros sociais ímpios — alguns deles, pelo menos — contribuíram involuntariamente para a construção de uma sociedade cristã.[32]

O mundo está nas mãos de não-cristãos há muitos séculos. São eles que estão fazendo a civilização progredir. Mas até onde podem ir em seus projetos sem Deus? Uma civilização sem Deus poderá sobreviver?

> Embora o movimento revolucionário tenha destruído muitas coisas que precisavam ser destruídas, embora tenha varrido — para sempre — muitas injustiças, não obstante falhou lamentavelmente na tentativa de criar uma ordem social baseada na justiça. A justiça é simplesmente a expressão e aplicação prática

---

32 V. Soloviev, B. *Do declínio da visão de mundo medieval* (1891).

da verdade, e o ponto de partida do movimento revolucionário foi a falsidade. A Declaração dos Direitos do Homem e do Cidadão só poderia proporcionar um princípio positivo para a reconstrução social se se baseasse em uma concepção verdadeira do próprio Homem. A dos revolucionários é bem conhecida: não viam no Homem nada além da individualidade abstrata, um ser racional desprovido de qualquer conteúdo positivo... Não me proponho... a mostrar como esse "Homem" abstrato repentinamente se transformou no não menos abstrato "Cidadão"; como o indivíduo livre e soberano se viu condenado a ser escravo indefeso e vítima do Estado absoluto ou da "Nação", isto é, de um grupo de pessoas obscuras trazidas à superfície da vida pública pelo turbilhão da revolução e que se tornaram as mais ferozes devido à consciência de suas próprias vacuidades intrínsecas.[33]

Se o humanismo ateu serviu aos interesses do cristianismo ao proclamar certas verdades cristãs esquecidas pelos cristãos, ele é, em sua essência, uma mentira que torna nulo e inválido o seu próprio futuro.

VIVER, SEGUNDO SOLOVIEV

Viver, segundo Soloviev, é prestar uma atenção piedosa a tudo: a todas as criaturas e a todos os eventos; é dar a cada pessoa e a cada ideia o que lhe é devido. É praticar a justiça, que é a virtude da universalidade.

Viver, segundo Soloviev, é buscar a unidade na diversidade. É rejeitar a uniformidade estéril, enquanto se

---

33 V. Soloviev, *La Russie et l'Eglise Universelle*. Paris, F. X. de Guilbert, 2008, p. vii.

trabalha ativamente pela unidade e pela solidariedade da família humana.

Viver, segundo Soloviev, é superar as barreiras (físicas, intelectuais, culturais e religiosas) que separam as pessoas e amar vivamente (no sentido mais amplo do termo), o que é a virtude da comunicação e da interdependência.

Viver, segundo Soloviev, é praticar a unidade da vida, é divinizar todos os aspectos da existência humana, é santificar o mundo enchendo-o do espírito cristão, é construir o reino de Deus no próprio coração da sociedade.

Conclusão

A RAZÃO, a VONTADE e o CORAÇÃO são faculdades intimamente ligadas entre si. Se uma delas se isola das outras, corrompe-se e assim corrompe a totalidade do organismo humano: gera seres deformados com pensamentos deformados. No contexto de uma civilização obcecada pela ideia de "progresso", a deformidade, e até mesmo a monstruosidade, têm vantagem e estão destinadas a ter sucesso. Descartes, o racionalista, é o pai do subjetivismo e do relativismo moral que invadiram todas as esferas da cultura contemporânea. Rousseau, o sentimentalista, é o fundador de uma nova religião de caráter sociopolítico que conquistou os corações de milhões dos nossos contemporâneos. Nietzsche, o voluntarista, é o guia espiritual de um exército cada vez maior de psicopatas e maníacos sedentos de poder.

O subjetivismo e o relativismo no reino da razão, o sentimentalismo, os valores de Hollywood e a ideologia *woke* no reino do coração; o totalitarismo e o terrorismo no reino da vontade — eis o mundo em que vivemos.

Ao contrário dessas personalidades incompletas com filosofias incompletas, Pascal, Kierkegaard, Dostoiévski e Soloviev têm uma personalidade íntegra, cada um à sua maneira, desenvolvendo uma filosofia integral. Seus corações, suas mentes e suas vontades trabalham em uníssono.

Para além de sua antropologia em comum, o que une Pascal, Kierkegaard, Dostoiévski e Soloviev é a luz da fé cristã. Essa luz lhes permite identificar com exatidão os vícios de nossa civilização e oferecer ao mundo caminhos para a salvação. Pascal, Kierkegaard, Dostoiévski e Soloviev compreenderam um fato óbvio, que o mundo tenta ignorar há séculos: se queremos salvar a humanidade, devemos "salvar" a Deus, pois o homem sem Deus não é nada.

Nos russos — Dostoiévski e Soloviev —, o que mais impressiona é a clareza e a precisão com que previram as revoltas que vivemos atualmente. *A lenda do Grande Inquisidor* (1879) e *A breve história do Anticristo* (1899) são obras de uma atualidade surpreendente.

O Grande Inquisidor e o Anticristo se apresentam como "humanistas", mas no fundo só têm desprezo pela humanidade. Essa é a grande mentira da era moderna. O mal moderno é mais sutil do que o mal antigo. Antigamente, o mal era mais claro e mais simples. Os "caras malvados" nos filmes de Hollywood pareciam ser caras malvados. Agora, eles se parecem com mocinhos e falam de progresso, liberação, tolerância e amor!

Em nome do amor — do amor ao próximo! — os novos inquisidores, entre os quais muitas "pessoas de igreja", estão, hoje, numa corrida frenética para "aliviar" a moralidade cristã, e até mesmo para enfraquecer os princípios básicos da moralidade natural. Ao perderem a fé, rejeitam o amor de Deus e se tornam fanáticos pelo amor ao próximo (querem "libertar" as pessoas do "fardo" da consciência). Tudo se passa como na obra de Dostoiévski: em nome do amor ao homem, os homens são transformados em *poodles* adestrados.

Além disso, o cristianismo tende a ser reduzido mais e mais a um sentimento vago, humanístico e filantrópico, cujo objetivo mais elevado é ser "legal com todo mundo". Estamos abandonando Cristo e Seus sacramentos. Tudo está acontecendo como descrito nas obras de Soloviev: *o humanismo secular absorve o cristianismo e o substitui sem que ninguém perceba o que está acontecendo.*

O homem é apenas um *poodle*, mas é legal com todo mundo — com todos os outros *poodles*! A transcendência é anulada, o nome do jogo é socialização. Impiedade para com Deus, fanatismo e humanismo para com os homens — tudo num contexto de sensibilidade excessiva e pseudo-religiosidade. O homem horizontal, o homem deitado de costas — eis o tempo em que vivemos. Essa é a maior mentira que a humanidade já conheceu. E talvez seja a última.

Dostoiévski e Soloviev abrem nossos olhos para o tempo em que vivemos. Eles nos encorajam a fazer escolhas radicais, a viver esse "apocalipse" com sabedoria, audácia e magnanimidade. Soloviev nos mostra o caminho: a Mulher vestida de sol, com a lua sob seus pés e uma coroa de doze estrelas sobre a cabeça. A Sophia que amorosamente junta seus filhos dispersos e reúne as partes desconjuntadas do universo. A Medianeira da Criação e da Redenção, a Arca da Salvação.

Direção geral
Renata Ferlin Sugai

Direção de aquisição
Hugo Langone

Direção editorial
Felipe Denardi

Produção editorial
Juliana Amato
Gabriela Haeitmann
Karine Santos
Ronaldo Vasconcelos

Capa
Gabriela Haeitmann

Diagramação
Sérgio Ramalho

Este livro acaba de imprimir-se
para a Quadrante Editora
aos 08 de dezembro de 2024,
em papel Ivory Slim 65.

OMNIA IN BONUM